學習情境對話三十記
108課綱素養之策略教導

陳麗如　著

五南圖書出版公司 印行

～眾多策略，盡收本書～

　　這是一本師長教養學生／子女的工具書，含括了六十個活動，近六十個檢核工具，協助您教養學子在108課綱教育中厚實素養。

　　「知其然，知其所以然」，本書以實際案例出發，用簡單的教學與輔導理論輔佐您規劃教養學生／子女的課題。

　　謹以本書獻給生命中的有緣人 ── 每一位我輔導過的個案，是你們成就本書，而讓更多師長在教養上有了著力點。

教師與家長素養

　　《十二年國民基本教育課程綱要》（簡稱國教課綱，在2019年執行另簡稱108課綱）強調態度、知識、技能，以為素養。108課綱以學生為教學場域中的主角，期待具有教學武藝的教師能在其中做一位適任的「導師」。教師在專業養成過程已然具有充分的教育知識背景，然而當教師對學生的條件不能充分掌握，或不能將所學教育知能運用在教育情境時，便難以為「素養」。對於尚未進入教學場域的師資生，對學生的事務及教學情境不熟悉，要展現素養更是大的挑戰。對於已進入教學場域的教師，常常熟悉的是大部分學生的條件，加上有限的時間，面對少數個案的學習或情緒等問題常常適性輔導未能到位，如此將難以在國教課綱「以個別學生為中心」的主軸中引導學生適性學習，發展建設性的學習軌道。

　　108課綱施行已經三年，根據作者訪查學生的學習狀況，發現有三類學生最容易淪為其中的「不適任學習者」，一為不知道新教育政策在搞什麼，二為不心甘情願去務實學習，三為其父母師長的支持限制。除了教師應傳遞國教課綱的精神與課程知能予學生外，父母為國教課程中另一位關鍵人物。當家長的觀點與國教精神對抗時，則孩子的素養難成，因此本書也期待家長在這場教育改革中能掌握關鍵元素，並在其中助一臂之力。

　　我們通常很會講理論、講道理，但是要付諸實踐時卻常不能到位，其中一個重要原因是未能咀嚼理論後應用，這也正是素養的關鍵元素。承蒙教育場域許多教師的肯定，作者有數千場，達數千小時的個案督導經驗，每每遇到棘手的學生問題均有不同於一般教師的處理見解，作者認為主要原因是個人對於學生的條件能有一定的敏銳度，搭配著既有課程與輔導知能，並充分運用策略與檢核工具，引導教師及家長從更高的視野執行實務工作。在面對國教課綱推行的高素養工作時，與作者前著作《十二年國民基本教育教材教法：108課綱素養教導》區別，本書記

下三十個情境個案作範例，引導讀者將教育論述的元素與國教課程的軌道做一個連結，二書相輔相成。期待在國教課程的引導下有目的地引導其中關鍵人物駕馭國教課綱的精神與技巧，以具有的教導素養帶領每一位個別學生承接他們在國教課綱中的重要任務 —— 學習歷程檔案建制、核心素養導向學習、議題教育學習、探究與實作實踐、自主學習力培育等，為新世代的教育模式前進。

　　感謝助理宛儀、佳蓉、沛璉的文書協助，感謝外子瑞堉、好友婉玲及子女的精神支持，尤其感謝五南圖書出版公司黃文瓊副總編輯的鼓勵與支持，以及李敏華編輯的專業細緻工作，使本人不氣餒地終究完成了本書。

長庚大學

陳麗如

2022年暑

讀本書

素養教導

　　學生對學習的投入很重要，關係著學習成就，但許多學習的根本問題乃發生在學生個人的學習態度或學習習慣，這些在過去不被教學工作正視的元素，在108課綱發布後浮上檯面，它們關係著學生自主學習的力道、適性揚才的機會、終身學習的可能。然而由於它的概念很抽象，運用很擴散，讓有教學進度壓力的教師容易忽視它的任務實踐。國教課綱主張以學生為一個完整的個體進行教育，其面向包括在校園學習、在家庭與社會中的表現、在未來工作潛能的探索與開發，故而教育不只是教學生讀知識，並且必須涵育學生個人的學習特質及發展其生涯軌道。本書從十個學習領域課題出發，包括學習、生活、行為等，呼應國教課綱九項核心素養，每個課題含三個案例，全書記下三十個學習情境中的真實條件分析，搭配學理進行教學與輔導等教育任務的實踐，呈現國教課綱的教育精神與技巧，並在每個領域以後記進行《十二年國民基本教育課程綱要》元素的連結。每個案例均描述四個部分，包括：

1. 情境：提出教學場域中影響學生學習的關鍵現象，企圖從國教課綱的素養內涵選擇案例，進行學習情境與學生條件描述。
2. 對話：以對話形式分析正向與負向支持的元素，包括建設性與破壞性等的情境對話、正向支持行動對話與無效支持行動對話等。有的課次則用心理元素去描述與學生的對話，主要引導讀者同理學生學習的狀態。對話設計的另一個目的是帶領讀者評估、覺察學生可能的狀態，並以課為單位在每課末的後記中以表格引導讀者檢視，思考在與學生互動時是否具有負向的訊息及如何適當運用正向的訊息。
3. 知識點：「知其然，知其所以然」。很多時候我們只被告知要去做什麼，如果我們也能知道為什麼要這麼做，則會更心甘情

願、更深化去做，這又是「素養」。本書各記中以各種教育與心理學學理為根基，分析情境中可以思考的知識面向。知識點的分析及運用能力正是教學工作上專業素養的必備條件，用知識點內的教育和輔導理論與學生對話，將可以引導學生提升後設認知的能力。惟本書不可能涵蓋所有教育的理論知識，且一個事件可以運用的知識內涵相當多。本書為了控制篇幅，每個案例只以三個淺顯的知識點分析運用，所採用的知識運用只是範例的一側，讀者可以利用每記空白的「透視鏡」，自行將想強化的其他相關知識註記其中。然而，因為是情境的應用，所以知識的呈現會相當零散，因此本書以「表N-1」（見第249頁）進行整體的呈現。

4. **課程或活動設計**：當教導者認識或接觸的課程或活動越多時，教學的創意及靈活度將越高。因此，本書列舉教學中可運用案例的課程型態或活動供讀者參考，包括檢核表、學習單等工具的運用。其中各項工具主要搭配國教課綱的元素，可以帶領學生意識化地發展個人的學習模式。讀者可以直接運用成為對學生的輔導工具，更歡迎讀者能依此發揮個人靈感繼續改編，編製更多符合您教導需求的工具，此即素養的展現。

　　這些案例條件都是作者在輔導或督導時所遇到的真實學生狀況，用以說明在學生輔導上的技巧。這之中的挑戰在教學現場中不斷地出現，每一個案例不會只有一種角度可以分析，也不會唯有一種適合的活動型態。教學情境與條件是需要擴散性教學知能的分析與執行方能靈活運用。期待每位讀者能因此教育功力增進，使本書價值更為發揮。而本書涵蓋國教課綱各向度的元素，惟篇幅限制，對相關的課綱內涵並不描述太多，讀者若想了解較結構性的課綱元素，歡迎對照作者另一本著作研讀——《十二年國民基本教育教材教法：108課綱素養教導》。

　　另外要說明的是，這本書很多概念及策略來自二個訊息進行貫穿，一為前述作者的另一本著作，將以「陳麗如，2021」進行註記，讀者可以從該書末之「索引」進行相關概念的思考，本書不再占篇幅敘述；

另一為本書第一記表1-1中的策略應用，它涵蓋了許多可大為提升學生學習效益的策略，在文中將以「cue表1-1」指引，再請讀者對照應用。

email: lizzycgu@gmail.com

Line ID:@rre5073i

目　錄

表目錄

圖目錄

說素養教導

一 教師專業素養

　　教育部（2020）發布的《師資職前教育階段暨師資職前教育課程基準》指出教師需要具備五大素養十七項指標，並在教師資格檢定時依其命題，以評核教師的專業能力（表0-1）。顯然國教課程中，有幾個重點是教育政策對教學者能力的期待：

1. 教學者應有個人的理念與信念，但不了解教育政策的話，教學者的理念可能偏離應有軌道，未必是被教育政策需要的。
2. 教育知識當然得在教學情境中實踐。如同國教課綱對學生的期待，能在其生活情境中運用知識，方具素養。紙上談兵的理論是沒有價值的。
3. 要與學理結合，才能「教之有物」。與一般未受過教育專業訓練的人比較之下，能運用更專業的方法。除了各領域及科目內的課程知識之外，若能掌握教育與輔導理論，游刃有餘地適當適時運用，將能使教導效益大為提升。
4. 要了解社會與國際時勢與趨勢，尤其是國教課綱呈列的十九項議題教育，並且隨時汲取新知，以跟上時代脈動。
5. 具有多元的本事，包括評量、教學、資源等，不可或缺。
6. 在態度與能力上接受學生的個別差異，以適性教導與輔導每一位學生。尤其應該了解特殊需求學生的特質，他們把一般學生也存在的較輕微問題明顯地呈現。每位學生所擁有的條件，都是光譜軸線上的一個點。
7. 專業倫理乃教學者展現出具有內化氣質的教導素養，自然流

露，不需勉強。

8.開放的胸襟，因此教學者能自我教學省思，並與他人團隊合作，包括教師跨科目的教學合作、親師的教導合作等。

國教課程之素養元素是國際教育趨勢，並為我國國教課綱中的主軸，它定義著國民基本教育成功與否，因此國教課程常圍繞著此主軸打轉。我國十二年國教課綱訂定了三面九項的核心素養，本書呈現三十個案例，依教育部所定義素養之向度進行分析，包括知識、技能、態度等。本書從其中元素探討培育學生之重要概念與技巧，其中知識包括閱讀能力等，技能包括資訊蒐集與整理等，而態度包括自主學習等。

表0-1 教師專業五大素養及十七項指標

專業素養	專業素養指標
一、了解教育發展的理念與實務	0-1 了解有關教育目的和價值的主要理論或思想，以建構自身的教育理念與信念。 0-2 敏銳覺察社會環境對學生學習影響，以利教育機會均等。 0-3 了解我國教育政策、法規及學校實務，以作為教育實踐的基礎。
二、了解並尊重學習者的發展與學習需求	2-1 了解並尊重學生身心發展、社經及文化背景的差異，以作為教學與輔導的依據。 2-2 了解並運用學習原理，以符合學生個別的學習需求與發展。 2-3 了解特殊需求學生的特質及鑑定歷程，以提供適切的教育與支持。
三、規劃適切的課程、教學及多元評量	3-1 依據課程綱要／大綱、課程理論及教學原理，以規劃素養導向課程、教學及評量。 3-2 依據課程綱要／大綱、課程理論及教學原理，以協同發展跨領域／群科／科目課程、教學及評量。 3-3 具備任教領域／群科／科目所需的專門知識與學科教學知能，以進行教學。 3-4 掌握社會變遷趨勢與議題，以融入課程與教學。 3-5 應用多元教學策略、教學媒材及學習科技，以促進學生有效學習。

專業素養	專業素養指標
	3-6 根據多元評量結果調整課程與教學，以提升學生學習成效。
四、建立正向學習環境並適性輔導	4-1 應用正向支持原理，共創安全、友善及對話的班級與學習環境，以養成學生良好品格及有效學習。 4-2 應用輔導原理與技巧進行學生輔導，以促進適性發展。
五、認同並實踐教師專業倫理	5-1 思辨與認同教師專業倫理，以維護學生福祉。 5-2 透過教育實踐關懷弱勢學生，以體認教師專業角色。 5-3 透過教育實踐與省思，以發展溝通、團隊合作、問題解決，及持續專業成長的意願與能力。

摘自：教育部（2020）：《師資職前教育階段暨師資職前教育課程基準》。

二 國教課綱核心素養

　　國教課綱核心素養為課程主軸，強調培養以人為本的「終身學習者」。核心素養內涵包含自發、互動、共好（稱為自動好）的三大面向，以及圖0-1中的九大項目（教育部，2014）。

(一) 自主行動：學生是學習的主體，以適當學習方式進行有系統地思考，以解決所面臨的問題，並具備創造力與行動力。學生在社會情境中能自我管理，採取適切行動，提升身心素質，裨益自我精進。

　　A1 身心素質與自我精進：身心健全發展的素質，擁有合宜的人性觀與自我觀，同時透過選擇、分析，與運用新知，有效規劃生涯發展，探尋生命意義，並不斷自我精進，追求至善。

　　A2 系統思考與解決問題：問題理解、思辨分析、推理批判的系統思考與後設思考素養，並能行動與反思，以有效處理及解決生活、生命問題。

　　A3 規劃執行與創新應變：規劃及執行計畫的能力，並試探與發展多元專業知能、充實生活經驗，發揮創新精神，以因應社會變遷、增進個人的彈性適應力。

(二) 溝通互動：運用各種工具媒介有效地與他人及環境互動，包括物質

工具和社會文化工具，如人造物（教具、學習工具、文具、玩具、載具等）、科技與資訊、語言（口語、手語）、文字、數學符號等。

B1 符號運用與溝通表達：理解及使用語言、文字、數理、肢體，及藝術等各種符號進行表達、溝通及互動，並能了解與同理他人，應用在日常生活及工作上。

B2 科技資訊與媒體素養：善用科技、資訊與各類媒體之能力，培養相關倫理及媒體識讀的素養，俾能分析、思辨、批判人與科技、資訊及媒體之關係。

B3 藝術涵養與美感素養：藝術感知、創作與鑑賞能力，體會藝術文化之美，透過生活美學的省思，豐富美感體驗，培養對美善的人、事、物，進行賞析、建構，與分享的態度與能力。

(三) 社會參與：學習處理社會的多元性，以參與行動和他人建立適切的合作模式與人際關係。社會參與既是一種社會素養，也是一種公民意識。

C1 道德實踐與公民意識：養成社會責任感及公民意識，主動關注公共議題並積極參與社會活動，關懷自然生態與人類永續發展，而展現知善、樂善與行善的品德。

C2 人際關係與團隊合作：具備友善的人際情懷及與他人建立良好的互動關係，並發展與人溝通協調、包容異己、社會參與及服務等團隊合作的素養。

C3 多元文化與國際理解：具備自我文化認同的信念，並尊重與欣賞多元文化，積極關心全球議題及國際情勢，且能順應時代脈動與社會需要，發展國際理解、多元文化價值觀，以及世界和平的胸懷。

在教導各個科目時，有不同的學習重點，為了引導學生培養這些核心素養，應該進行全面規劃，以免學得的素養偏頗。同樣地，每個事件的輔導或指導，也有不同的重點，涵蓋的面向也迥異，但也不會限於單一面向。由於國教課程無限制具體範圍，其知能是流動的，為了讓教師不斷合作成長，精進教學，規範了公開授課措施。

公開授課

　　108課綱規範每位教師每學年必須公開授課一次，校內教師也要共同參與備課、觀課與議課，即教學前準備、教學時同儕觀課、教學後進行討論。讓教師觀點擴大，集思廣益，互相交流，藉此提升教師的教學知能，讓學生受惠（王勝忠，2019）。

生活情境

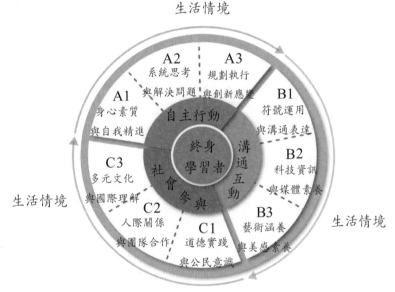

生活情境　　　　　　　　　　　　　　　　　生活情境

┌圖0-1┐ 核心素養的滾動圓輪意象

　　為了讓讀者熟悉國教課綱中核心素養的元素，本書以三大面向終身學習的重要目標進行課程對話，另外加入國教課程中的重要學習工作，包括學習歷程檔案、學習課題、生涯發展等，以及另一個常被忽略的教育角色──親職成長，共以十課為本書架構。限於篇幅，每課並不能涵蓋該面向完整的內容，但能引導讀者體認：為達素養教導之目標，除了各領域學科知識的學習認知之外，對於學生學習態度的輔導及學習策略的關注，乃學生素養養成的關鍵任務。

第一課

學習力提升

　　那天，我對一位學習困難的大學生依評估後進行個別化的學習策略發展。正談到一半時，學生很感慨地說：「老師，這些好方法，為什麼從來沒有老師教我？！」他的眼神交錯著失望與喜悅：為一個新的學習模式看到自己的機會而喜悅；但更多的失望是，已經這麼大了才認識「策略」。那個「被教育犧牲的悔恨」震撼著我。

　　學習策略為學習效益的關鍵能力，若沒有好的學習策略則在面對更深入的課題或更多面向的學習時，學習效益將日益低落，當學生就學更高的教育階段時，便會成為很大的學習負擔。國教課綱明確指出教師應該關注及發展學生個別適性的學習策略，運用策略關係著一位學生學習的「功力」深淺。本課之表1-1貫穿本書提及的學習策略運用，文中以「cue表1-1」做指引。

　　本課從學習策略發展、專注力提升、考試檢視，談學習力提升的關鍵能力。

透視鏡

成就～～愛迪生 vs. 麗如老師

Edison這樣說：1%的天賦，99%的努力。

麗如老師這樣說：10%的天賦，30%的努力，60%的策略。

第一記

沒有讀書策略的國中生
── 學習風格檢視

在學習輔導前，我總是要先評估學生的學習問題後，再發展學習策略，因為那樣子的學習輔導才能「對症下藥」。「會讀書」是有技巧的。

一 情境

小A是位很在乎成績的國中生，她乖巧並認真於課業，小學時學業成績相當優秀。但進入7年級下學期時課業越來越多且具深度，以至於成績開始退步，小考尚可，但段考一直未能適當展現應有的成績水準。在8年級時這種情形更為嚴重，學校安排的學習很複雜、多元，為了因應會考，各科作業一大堆且進度一直加，更讓她慌了，學習上的挫折導致小A受到相當的影響而出現焦慮、無自信的情緒。

小A利用所有時間來讀書，假日也不太和父母外出，她聽說也相信夠努力用功就可以有好成績，等待著達到自己「課業水準」的那一天到來。事實上，除了「勤能補拙」花夠多時間讀書，小A想不到還有什麼學習方法。

二 對話

(一) 無建設性對話

▶ 林老師：「為什麼考這麼差？」

▶ 小A：「讀不來」。

▶ 林老師：「讀不來？」

▶ 小A：「不夠用功」。

▶ 林老師：「怎麼改善？」
▶ 小A：「再用功一點！」

　　此對話只會落入八股的說訓，師長將學習策略的事交由學生自己去發展，對學生的學習指導完全沒有建設性，學生也只能自己拼命讀。教師在學生學習策略上，沒有進行教導。

(二) 建設性對話

- 經過實作測驗後，陳老師引導學生思考：「你有沒有覺得知道題目後，再去讀第二次之後答對不少，為什麼？」
- 小A：「因為更熟練了」、「因為知道問題是什麼」。
- 陳老師予以增強肯定：「是的，你很適合用問題來抓重點，一旦你抓到重點，你就容易記住內容」，「所以你以後可以先做問題，或自己先當老師出問題，試著回答後再來讀內容。」（cue表1-1「問題引導學習」）

　　一個適當的學習輔導應該從學生的學習現象評估問題後成為佐證資料，然後「對症下藥」，提供的策略也必須明確具體。此時教師若能藉由量表（如：聽讀寫學習優勢發展量表）評估或從學生的作業表現進行檢核，作為具體提醒的依據，與學生溝通討論學習現象再發展策略，才會形成更好的效果（陳麗如和孟瑛如，2019）。

三　知識點

(一) 訊息處理論（Information Processing Theory）

　　訊息處理論以認知心理學的論點指出，學習者進行學習時首先注意到外在刺激的存在後，透過聽覺或視覺進入感覺記憶，然後經過有效的運作後進入短期記憶，再經由複習後進入長期記憶而完成學習。在這個過程中，學生是否能將注意力放在重要的刺激及過程表現是學習成效的關鍵所在（胡永崇、黃秋霞、吳兆惠、胡斯淳和顏玉華，2006）。

在學習成果的表現部分，學習者在每個學習階段都有反應的機制，在成為長期記憶完成學習後再經過運作記憶提取，以語言表達或書寫呈現學習成果（見圖1-1）。從學習者訊息處理的歷程去發展介入策略，方可全面掌握存在的學習問題，以及可大為提升其學習效益（Tangen & Borders, 2017）。

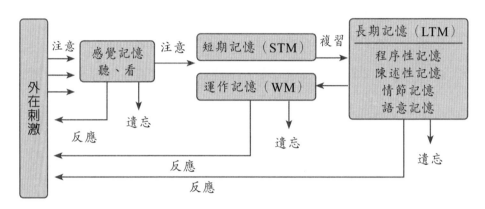

┌圖1-1┐ 學習時之訊息處理過程

(二) 學習策略（learning strategies）

影響學生成績有幾個因素：一為智力、二為努力、三為學習策略的運用（陳麗如、孟瑛如和連心瑜，2019）。學習困難學生的實際表現成果與潛能水準之間的差距，主要是他們不會使用有效的學習策略。雖然教師的教導技巧與過程是學生學習成效的關鍵，但對學生個人而言，重要的是他／她擁有好的學習策略。有效率的學習比花時間K書更重要。所以我們會發現：智力商數差不多的學生在同一個班級學習，仍然有大的成績差異，或者一位學生突然開竅找到了他的讀書方法而功課突飛猛進，展現了學習潛能。以小A的條件，既然過去成績曾經相當優異，則表示她的智力不會低下。而小A相當努力花了許多時間卻未能得到相對應的成績回饋，因此其學習低下的主要因素就是學習策略不佳。

當師長要學生「懸梁刺股」、「不經一番寒徹骨，焉得梅花撲鼻香」，要學生學習古人選擇座右銘貼在書桌前的做法，將不需關注學生的學習狀態，無需發展學習策略，唯一的策略就是老師拼命教，學生拼

命讀。教師便落入以自己的觀點去指導課業，未能注意到學生有其學習罩門，以至於輔導效果有限。國教課綱期待改變如此的教學方向，賦予教師教導學生學習策略的任務。但教師受到課程規劃的約束，必須掌握課程進度，可能直接以學習成績將學生「定位」，反正在成績分布上永遠有人第一名，也永遠有人最後一名。對教師而言，管理好自己的教學進度更是必要任務，在時間有限下，學生學習策略的教導工作較容易受到忽略。

(三) 學習風格（learning styles）

對「學習風格」的關注起源於1970年代，學習風格指學習者在學習時所存在之偏愛方式，常常因而成為個人的學習習慣。了解學習風格進而發展具體的學習策略，能使個人的學習潛能發揮（陳麗如和孟瑛如，2019; Chuang, Yeh, & Lin, 2021）。學習風格常會從幾個面向予以分類了解，例如：依感覺管道的偏重分為（Kamal et al., 2021; Riessman, 1976）：

1. 視覺學習型（visual learning style）：此類學生視覺反應靈活，能敏銳地接收視覺訊息，把學習內容組成相對應的圖像和片段進行學習。
2. 聽覺學習型（auditory learning style）：此類學生聽覺反應靈活，能敏銳地接收聽覺訊息，知識經過語音描述後，容易理解記憶。
3. 動覺學習型（kinesthetic learning style）：此類學生手腳動作靈巧，較不善於從書本接受知識，依賴實際操作進行學習。

其他的分類尚有以認知方式，分為場地依賴型（field-dependence）和場地獨立型（field-independence）（Chuang, Yeh, & Lin, 2021）、沉思型和衝動型（reflective and impulsive style）（見第三記）、整體策略和序列策略、左腦優勢和右腦優勢的腦側化（brain lateralization）（見第十二記）等。每位學生都有其與生俱來的殊異性，所以師長在教養子女時應尊重他的個別性。

作者所編製的「聽讀寫學習優勢發展量表」，即是從各個面向了

解學生學習風格及學習優弱勢後，進一步發展個別化的學習策略（見表
1-1）。

四 課程／活動設計

(一) 學習風格檢核與策略發展

教師可依據課程設計學習單或簡單評量表協助學生檢視學習風格，
進而發展學習策略。例如：可對學生講述幾件事情，或讓學生閱讀一
篇文章，再從中問問題，了解其記憶情形。前者即在評估聽覺學習的
表現，後者在評估視覺學習的表現。而表1-1中「□」即是學習風格檢
視項目，可藉以引導學生全面思考個人的學習狀態（陳麗如和孟瑛如，
2019）。

每個人有各自的學習優弱勢，掌握之後方能依其發展具體的學
習策略，也才能發揮學習效益。表1-1中所註記學習策略「○」為作
者在發展學習特質評量工具時所分析整理之策略（陳麗如和孟瑛如，
2019），在本書各記中陸續提出具體的範例說明。

(二) 問題引導學習（cue表1-1）

主試者找一篇約300-500字（年齡越小字數越少）的簡單敘述文短
文，文章需與學生學科學習無關。讓學生讀一遍短文，然後問其中五個
問題。如果學生第一次沒有準確答對，讓他再讀一遍，再問一次沒有準
確答對的問題（cue表1-1，第一次讀即記得的比例低）。計算學生讀第
二遍短文得分的情形，與他討論第二次增加答對的原因，可能如：(1)
因為複習了；(2)因為知道問題了，第二次直接背答案的內文。如果學
生回答前者，則指出複習對學生的重要；如果學生同意後者，即鼓勵學
生善用「問題引導學習」的策略進行閱讀學習。以同樣的方法另找一篇
50-100字短文，主試者唸讀後問學生兩三個問題，了解其聽覺學習的
狀況，並引導學生思考聽覺問題引導學習的運用（cue表1-1，第一次聽
即記得的比例低）。

問題引導學習是問題導向學習（problem based learning, PBL）

表1-1　學習風格評估與策略發展

	學習　風　格		
弱勢	□1.學習渙散　○專注力檢核與訓練　○放鬆學習思考	□9.學習狀況外　○專注力檢核與訓練一個詞一個詞劃底線　○關鍵字訓練　○多感官學習　○一段段閉眼複述剛讀內容	□16.專注力不佳　○專注力檢核與訓練　○多感官學習　○部件分析　○相似字辨別訓練　○視知覺訓練
	□2.學習消極　○設定學習目標　○生活價值檢核	□10.閱讀粗心	□17.讀錯字無察覺
	□3.學習錯亂　○專注力檢核與訓練　○相似內容比對	□11.閱讀放空	□18.相似字混淆
	□4.錯誤固著　○強化錯誤更正（多角度自我解釋、做筆記字）	□12.閱讀速度慢　○閱讀速度訓練	□19.閱讀衝動　○閱讀衝動管理
	□5.片斷式記憶　○心智圖運用　○關鍵字訓練	□13.書寫不佳　○認字訓練　○作文訓練　○心智圖運用	□20.第一次聽即記得的比例低　○善用視覺學習　○多感官學習　○問題引導學習
	□6.不善於抓重點　○專注力檢核與訓練　○心智圖運用		□21.第一次讀即記得的比例低　○善用聽覺學習
	□7.自我中心應答　○答案檢核與比對	□14.回應慢　○思考流暢度訓練	□22.平時比評估時佳　○平常學習時策略應用
	□8.應付學習　○學習態度調整　○生活價值檢核	□15.自信心不佳　○語言表達訓練　○自信心提升　○設定階段性目標	□23.評估時比平時佳　○學習/考試焦慮因應　○學習/考試策略
			□24.其他弱勢：
優勢	□1.善於修正策略　□2.善於發展策略	□3.運用策略　□4.聽覺優勢　□5.視覺優勢　□6.過聽不忘　□7.過目不忘　□8.識字優	□9.書寫佳　□10.專注力佳　□11.其他優勢：

註：1.依據（陳麗如和孟瑛如，2019）「聽讀寫學習優勢發展量表」所發展之學習風格優勢、分為弱勢學習風格及優勢學習風格；○指因應學習風格之策略運用；本書將藉由各記案例陸續提出各風格的意義，學習風格及技巧，並可查閱第N課中的表格；2.□指學習風格；2.□指因應學習風格；3.此「評估」指利用學生當下的表現評估其學習風格。

的運用（陳麗如，2021），是事先知道問題是什麼再回去讀文章。例如：先看習作或做試題，再回去讀文章以統整個人所學。如果沒有現成的題目，部分教科書書末有名詞索引，則可以其為題目。更好的做法是自己從文章中出題，自製簡答題、問答題、填充題等，於做題目後再看文章。如果不知如何出題，則可以關鍵字（見第八記）為答案去出題。此方法可以作為重點的學習，並比較不會「閱讀放空」（cue表1-1）。對於較不會找重點，或面對一堆文字就厭倦學習的學生很適合用此法。

第二記

專注力不足的國中生
—— 後設認知運用

　　每次在演講學習輔導課題時，我總是會說：專注力是學習效益的關鍵，專注力不佳就像一串攤擺在桌上的肉粽，其他學習表現也會受到影響。相對地，當我們把專注力提升了，其他學習能力也就順勢被提起，例如記憶力、理解力、反應力、細心度等。

　　專注力不足除了影響學習表現外，也影響學生的生活表現（如丟三落四、生活混亂）、人際互動（如漏記談話重點、未實踐約定）、工作行為（如忘了主管交待事務）等，運用後設認知技巧可以有效地提升專注力表現。本記主要在談學習的專注力，其他面向的專注力行為則在其他課將陸續討論。

一 情境

　　小B是國中生，醫療診斷並非為注意力缺陷過動症（Attention Deficit Hyperactivity Disorder, ADHD，見第六記）學生，但是小B在課業上的專注力表現不佳，他總是在書桌前很長的時間，學習效益卻只達30%左右，也就是讀書一小時，專注時間只有18分鐘左右。小B具有注意力缺陷（Attention Deficit Disorder, ADD，見第六記）現象，卻因為沒有明確的其他外顯問題，以至於老師們都忽略了應對小B規劃學習輔導方案。

　　為了安慰自己也安慰母親，小B曾經每天在房間裡拿著課本讀書，假日就整天泡在圖書館，從8點去搶位子，一直待到晚上9點。但是這樣的做法似乎只是讓自己花了更多空白時間，一整天下來，他完全感受不到自己讀了什麼。當花下許多時間卻得不到相對應的回報時，只會讓自己更為沒自信、更為慌亂。他結論自己不是讀書的料，而不想再嘗試學習，不再努力於課業，消極的學習態度，惡性循環著，使學習效益更

為不佳。

 對話

(一) 無意義對話

▶ 林老師：「來，這題練習一下。」
▶ 小B：「老師，你知道我是ADD嗎？你知道ADD是沒辦法專心讀書的！我做不了這一題。」
▶ 林老師：「你要這樣自暴自棄，我也沒辦法。」

　　小B出現習得無助（learning helplessness，見第十七記）或者習慣找藉口不願意嘗試。而林老師此對話具有諷刺語氣，以及真的顯示出教師是沒有辦法的。

(二) 建設性對話 —— 同理他的觀點

● 陳老師：「來，這題練習一下。」
● 小B：「老師，你知道我是ADD嗎？你知道ADD是沒辦法專心讀書的！我做不了這一題。」
● 陳老師：「老師知道因為生理因素，專注力缺陷的學生確實在學習上很辛苦。但是你知道嗎？很多ADD學生若肯用策略，通常會有很好的成績，因為很多專注力缺陷學生都很聰明。」
● 小B：「真的嗎？」
● 陳老師：「像愛迪生、愛因斯坦等，他們小時候都有學習困難，後來運用策略學習，他們都很有成就。」找學障名人的故事給小B看，然後與小B討論，問他有沒有比愛迪生小時候慘。
● 陳老師：「你如果願意用策略的話，老師相信你一定可以因為專注力提升了，功課進步很多，你要試試看嗎？」

　　陳老師同理小B的想法，使小B感受到老師對他學習困難的理解，再對小B敘述自我應驗預言，並在小B願意嘗試時，開始與他討論策略。

> **愛迪生（Thomas Alva Edison）是學習障礙者**
>
> 　　Edison於1847年生於美國俄亥俄州（State of Ohio），小時候老師和鄰居稱他爲低能兒，因爲無法跟上學校的課業而遭到退學。於是母親自己教導愛迪生，爲愛迪生發展學習策略而使他有很好的吸收，發揮才能，甚而於後來成爲舉世聞名的「發明大王」。他一生中的發明超過二千多種，被譽爲世界上最偉大的發明家。

(三) 建設性對話——引發覺察

- 陳老師：「你有覺得你正在恍神嗎？」
- 小B：「有嗎？」
- 陳老師：「那你說說看你剛才一個小時讀到什麼？」
- 小B回答不出來。
- 陳老師：「這就是恍神。你看了，但是沒能說出學習內容。」
- 小B點頭同意老師的評論。

　　此過程以直接且具體的證據帶領學生檢視學習狀況，可以協助學生提高自我覺察能力，即訓練學生後設認知。當學生有了適當的覺察再教導策略，方能使教導有效。

三 知識點

(一) 後設認知（metacognition）

　　後設認知可分爲知識與技能，知識包括個人所擁有的訊息處理能力、知道面臨的情境所需的策略知識。技能則指調整自己學習方法或行爲狀態的技能，可以分爲多種，包括：(1)計畫：對目標行爲進行計畫，例如：規劃分配多少時間給某個作業、要使用什麼策略，以及如何

開始等；(2)監控：進行監控，管理自己的表現；(3)評估：對於學習或行為的過程及結果做出檢視與評斷（羅素貞等譯，2020）。覺察是改變的開始，學會及習慣對自己的行為表現進行覺察並予以評價，而後採取適當的因應行為是重要的後設認知表現。後設認知可有效管理個人學習、生活、情緒等面向的表現，舉凡自我指導（self-instruction，見第五記）、自我檢視（如第二十六記「為自己找理由」）、自我監控等，都是後設認知常用的策略（陳永進和魯雲林，2019）。善用後設認知能夠使學生學習與行為更成熟，效益提升，是108課綱中強調的學習策略培育目標（陳麗如，2021）。

(二) 自我應驗預言（self-fulfilling prophecy）

　　Thomas於1928年以社會學的角度，首先提出自我應驗預言的觀點：「當一個人定義情境是如何，這個情境最後就真的實現了。」顯示自我預期終究應驗於其行為成果。而運用self-fulfilling prophecy這個名詞乃直到1948年Merton首先提出，並有系統地提出理論概念。此後廣泛探討於股票市場、國家戰爭、犯罪行為等，跨足經濟學、社會學、政治學、教育學等各領域。

　　Merton（1948）和Thomas（1928）指出，「個體的行動不只是對一個情境的客觀條件做反應，更重要的是這個情境對他的意義。一旦他們對情境賦予意義，他接下來的行為就會歸因於那個意義，並達成這個行為所帶來後果。」自我應驗預言是在有目的之情境中，個人對自己的預期常在之後得到應驗。在教育上也經證實，如果學生自認，或學生同意他人評定自己為愚笨者，其學業成績將益趨低落（張春興，2007）。當小B預期自己學不來，他怎麼會去積極地學習？結果，當然就學不來了。這預言實踐的關鍵其實是個人的信念，影響著他的付出（Chen, 2015），在教育情境中如何建立學生自信心並踏實規劃學習任務便十分重要。

(三) 策略教導

　　有些學生善於自己發展策略，他們是天生的讀書人才。更多學生拙於發展學習策略，執著（或說是「習慣」）在低效益的學習方式，未曾思考是否可能有更有效的學習方法。在教導這些學生策略後，他們因為知道如何運用，若願意持續用、習慣用，仍然是具有高學習力的學生。在教導學生策略時，應注意幾個原則（Pressley & Woloshyn, 1995）：

1. 一次教一個策略，確定學生熟識該策略才教第二個策略。
2. 示範並解釋新策略，包括說明策略的使用場合與時機，不要理所當然地認為學生會。
3. 讓策略教學成為課程的一部分，並可延用至課外。
4. 評估學生不理解策略運用的部分後進行指導，以更為貼切的方式重新示範與解釋。
5. 提供大量的練習機會，讓學生學得在各種情境中運用適合的策略。
6. 鼓勵學生在使用策略時監控使用情形，並覺察自己運用的效果。即前述後設認知技能中的「監控」。
7. 引導學生認同正在獲得有價值的技能，藉以提升他們運用策略的動機。

四　課程／活動設計

(一) 專注力檢核與策略發展

　　較大的孩子更適合以後設認知作為專注力提升的主要方法。運用檢核表可以提升後設認知的運用能力。表1-2為「專注力檢核與策略發展」的運用工具（cue表格1-1），其步驟：(1)從生理疾患、疲倦、情緒等各面向檢視，勾選影響專注力表現的原因「□」；(2)針對狀況，勾選可能對應的具體策略「○」。

表1-2　專注力檢核與策略發展

原因[a]	處理向度	具體策略[b]
☐1.生理疾患	醫療評估與介入	◯就醫服藥
☐2.疲倦	生理時鐘調整	◯規劃及管理作息時間 ◯充分休息 ◯疲倦無法專心時洗把臉 ◯疲倦無法專心時起來跳躍幾下／走一走
☐3.情緒	管理情緒	◯情緒覺察與放鬆 ◯安定情緒
☐4.缺少學習動機	引發學習動機	◯釐清學習目標 ◯確認自己的學習抱負，將來想：＿＿＿＿
☐5.學習內容太深學不來	適性學習評估與設計	◯降低學習難度 ◯學習基本題 ◯設定分段學習目標 ◯評量調整
☐6.學習內容太淺沒挑戰性	學習內容加深加廣	◯增加題目難度 ◯規劃延伸學習 ◯找相關主題自修
☐7.學習環境不佳	學習環境調整	◯在多人的環境中讀書（如閱覽室） ◯避免與他人在一起讀書、寫作業 ◯桌上只留筆、作業本、書本等用得到的文具 ◯晚上閱讀時，房間關閉大燈，只留桌上檯燈 ◯教室座位選擇前座 ◯在安靜及整潔的環境中學習 ◯避免雜亂或色彩繽紛的環境
☐8.缺乏學習策略	學習策略訓練[c]	◯分段法 ◯關鍵字訓練 ◯問題引導學習 ◯放聲思考 ◯多感官學習法

原因[a]	處理向度	具體策略[b]
□9.集中專注力 不佳	學習策略運用	○做語音提示專注力管理 ○學習時間分割成多次而短 ○閱讀和操作的學習程序調整 ○喜歡和不喜歡的科目間交錯研讀 ○開始讀書或作業前告知他人或大聲對自 　己說：我現在要開始用功了；或……

註：[a]檢視勾選影響學習時專注力表現的原因；[b]再針對狀況，發展可能的具體
　　策略，予以勾選。部分策略於本書中陸續介紹；[c]可從「聽讀寫學習優勢發
　　展量表」評估。

(二) 把遊魂抓回來 —— 專注力提醒訓練

　　事先錄好「專注力」語音檢核，例如在30分鐘內、40分鐘內、或
50分鐘內（事先評估學生專注力原有的持續時間後，設定加長的專注
力訓練時間），錄製不定時出現十次的「你專心嗎？」，在學生讀書自
修或寫作業過程播放，每出現該訊息時自評是否專心並記下。如此，雖
然一開始時可能容易受到訊息的干擾，但在自己期待改變專注力的動機
下，一段時間適應後便能忽略訊息聲音，並提高控制能力。長期下來，
將習慣在讀書、聽課時關注自己是否專注，提升後設認知的能力（作者
有錄製錄音檔供索取，請見本書序後之「讀本書」聯絡資訊）。

表1-3 專注力管理

	月　　　日	1.	2.	3.	4.	5.	6.	7.	8.	9.	10.	得分
	點：分 ～ 點：分											
1.	～											
2.	～											
3.	～											
4.	～											
5.	～											
註：錄音檔播放提示時，若有專心則打✓，沒專心則打✗。										小計		

總是考不出實力的國中生
——錯誤固著的調整

　　有一天，我為一位學習困難的高中生評估後，發現他有「錯誤固著」的學習現象。他當下頓悟了自己的學習問題，並且很感慨地回應我：「老師，難怪小時候老師罰我寫十遍、二十遍都沒有用！」

一　情境

　　學校第二次定期考試結束，老師發數學試卷，小C還是錯了一大堆。拿回家，父親一看試卷很是火爆，因為小C寫出一堆粗心而錯的答案，有許多作業練習或小考時就錯的，結果還是一樣地錯，而且寫的錯誤答案竟然一樣。父親問家教老師，家教老師很無辜又有些罪惡感地說，在協助小C復習時有一再地叮嚀不要因為粗心失分了。

二　對話

(一) 非專業對話

▶ 小C父：「怎麼每次都這樣？不是小考時錯了有訂正嗎？你有嗎？」

▶ 小C：「有啊……」

▶ 小C父：「下次訂正的地方再多寫幾次、多看幾次！」

▶ 小C：「好，……」

　　通常在這種情形下，即便下次小C再多寫幾次、多看幾次，可能當下對了或者在定期考試時對了，但更大範圍考試時又錯了。因為小C是硬記的，或小C是一位很容易受到最初記憶影響，因此其錯誤內容很難

被小C更正記憶。作者稱此為「錯誤固著」（cue表1-1）。

(二) 專業對話──引導覺察與提供策略

- 陳老師：「怎麼每次都這樣？不是小考時錯了有訂正嗎？」
- 小C：「有啊！」
- 陳老師：「有的人容易受到第一次印象影響，如果寫錯了就較難改正，所以你在訂正時要從另一個角度協助自己去調整那個錯誤的印象。例如：用一個新的且強烈正確的印象去壓過錯的，然後錯的才容易更正過來。例如：……」陳老師舉例說明。
- 小C：「好，……」

這是引導學生覺察後發展具體的策略。

透視鏡

訓斥 vs. 引導覺察（後設認知運作）

**這是訓斥：「你不用心！」

**這是以具體訊息引導覺察（經過測試後）：「你看，你唸都唸對了，而且讀得很快，可是讀過了卻沒有記住所讀到的內容。」

##這是訓斥：「你讀太慢了！」

##這是以具體訊息引導覺察：「你看你這篇文章共讀了145秒，大部分的人只花70秒以內，難怪你考試會做不完題目。」

**這是訓斥：「自己想想怎麼讀書！」

**這是以具體訊息引導覺察：「我看你答題時眼睛閉著，你怎麼想這樣做？」

「對呀，我這樣比較記得起來。」

「哦！那以後你可以讀一段內容後閉著眼睛複述一遍。」（cue表1-1「一段段閉眼複述剛讀內容」）

透視鏡

古有明訓

　　勤能補拙；有志者事竟成；天下無難事，只怕有心人；不經一番寒徹骨，焉得梅花撲鼻香；精誠所至，金石為開；皇天不負苦心人……

　　批：以上明訓，或許可以激勵學習心，但發展不了學習策略；而沒有策略的學習若導致成績低下，則這些名訓便成了「高談闊論」。

三 知識點

(一) 多元評量

　　依據《國民小學及國民中學學生成績評量準則》（2019），成績評量應視學生身心發展、個別差異、文化差異及核心素養內涵，採取各種適當之多元評量方式：

1. **紙筆測驗及表單**：依重要知識與概念性目標，及學習興趣、動機與態度等情意目標，採用學習單、習作作業、紙筆測驗、問卷、檢核表、評定量表或其他方式。
2. **實作評量**：依問題解決、技能、參與實踐及言行表現目標，採書面報告、口頭報告、聽力與口語溝通、實際操作、作品製作、展演、鑑賞、行為觀察或其他方式。
3. **檔案評量**：訂定檔案目標指導學生有方向、有系統地彙整表單、測驗、表現評量與其他資料及相關紀錄等，製成檔案，展現其學習歷程及成果。

　　另外，特殊教育學生之成績評量方式，由學校依《特殊教育法》及其相關規定，衡酌學生學習需求及優勢管道，彈性調整之（見第二十一

記）。

　　總之，適任的教師必須具有多元評量的能力，然後依據學生的狀況適時適性輔導。除了應該考量科目之特性外，也要與學習目標呼應去衡量學生的條件後進行設計。

透視鏡

人人都是資優生

如果有千百種評量向度，則每個人都是資優生。

(二) 學習風格 ── 沉思型與衝動型

　　從認知型態的角度可以將學習分為沉思型與衝動型學習風格。沉思型學生在處理問題時傾向於深思熟慮去審視問題，會以充足的時間權衡各種問題解決的方法，然後從中決定滿足所存在條件的最佳方案，因而正確機會較高，但也可能因為思慮太多而拖延作答時間；衝動型學生傾向於以問題的部分訊息或未對問題做透澈的分析就會促作出行動，反應速度較快，但容易發生錯誤。相比之下，衝動型學生往往更難以發揮潛能。注意力缺陷過動症的學生都具有學習衝動的現象（見第六記）。

　　有閱讀衝動的學生常無法掌握完整正確的字句，容易會錯文意，在考試時常出現「看錯題目」，丟失很多可得之分數。控制衝動行為（cue表1-1）之方法可以如下：

1. 自我提醒：自我提醒不可閱讀或反應過快。但單純提醒衝動型學生放慢速度，無法完全控制衝動表現，必須再加入如下策略。
2. 分析、比較：教導學生利用視覺訊息，具體分析、比較材料的構成成分。
3. 口語或動作輔助：讀書時一個字一個字依序唸出來，如果在公共場合不方便讀出，則在心裡默唸。在考試時也可以藉由圈寫關鍵字，以避

免漏掉重要訊息（見第八記）。

4. 自我指導策略：在解題時把自己當學生進行具體的分析解釋，並可搭配運用放聲思考（thinking aloud）策略（見第二十一記，cue表1-1）。

5. 錯誤類型分析：整理錯誤類型後，於作業或應試前強調避免再犯同樣的失誤。

(三) 錯誤類型分析

　　學習時所犯的錯誤約略可分為兩種，一種是因為粗心所致的錯誤（slips），屬於隨機發生的錯誤，會讓學生覺得扼腕後悔「怎麼不小心一點」，常常受到學習風格影響，如學習衝動或專注力不佳。另一種是系統性的錯誤（bugs），此種錯誤為有跡可尋（郭靜姿、許靜如、劉貞宜、張馨仁和范成芳，2001），可能是學生的知識觀念不對。

　　整理錯誤有助於分析學生的錯誤類型，為了了解學生的錯誤類型，應分析學生的作業及應試答題情形，然後做有系統的調整（Riccomini, 2005）。其中在語文方面，例如：文字辨認的錯誤類型分析，記憶寫成計憶，學生可能的錯誤類型為相似字容易混淆；「習作」讀成「訊作」，則學生可能的錯誤類型為將語詞音義做錯誤連結；「小王以3分落敗」，學生無法確知小王是勝還是敗，則其錯誤類型為解讀文字之邏輯與理解問題。當了解學生錯誤類型後進行修正，方可以為學生解套。例如：本例可以先教學生將修飾或補述字詞以括弧表示，如「小王落敗」，小王（以3分）落敗。

　　有時候為了了解學生的錯誤類型，會以「動態評量」（dynamic assessment）評估學生解題歷程的錯誤訊息（見第四記）。

四 課程／活動設計

　　影響考試發揮潛能的因素有許多，常見的包括個人的衝動應答、錯誤固著的表現、視知覺表現等。以下舉例說明如何檢核錯誤類型，以及進行視知覺的訓練。

(一) 數學錯誤類型分析（cue表1-1）

　　數理應用問題通常涉及學生的識字能力、閱讀能力、理解能力、問題解決能力、數學基礎概念等。錯誤類型分析常與動態評量一併應用，教師可根據授課單元編製學生的錯誤類型檢核表，而後進行「錯誤類型檢核」活動。

　　表1-4為以某個學生的數學錯誤類型為例進行說明（周台傑、蔡宗玫，1997；陳麗如，2008；郭靜姿等人，2001；Bryant, Bryant, & Hammill, 2000）。

表1-4　錯誤類型分析 —— 數學（範例）

類別	現象		原因		
數學概念不足	概念不正確	概念遺忘	☐不了解題意	☐不了解符號術語	☐基本概念不佳
詞意理解限制	字詞不理解	生活事件不理解	☐字詞認知不足	☐生活經驗有限	☐數學專有名詞限制
計算錯誤	數字運算錯誤	隨機發生的錯誤	☐不專心	☐未篩選正確的訊息	☐被不相關的訊息干擾
程序性錯誤	自行創造錯誤演算的式子	不了解演算的方法	☐概念不佳	☐不熟悉解題步驟	☐相似問題搞混
轉換的錯誤	關係句轉變不對	如「桌子的長比寬多40公分」理解成「桌子的長是40公分」	☐閱讀理解能力	☐不同單元中相似詞彙混淆	☐關係詞不理解
視知覺的錯誤	知覺處理的錯誤，如28讀成82、將+看成÷、將6看成9	遺漏某一字或詞	☐衝動閱讀	☐視知覺不佳	☐情緒浮躁

類別	現象		原因		
策略運用	選擇不合適的解題策略	無法用圖示解題	☐不會驗算檢查答案的正確度	☐不知道正確學習方式及技巧	☐死背數學解題方法
學習態度	對學習數學的信念	動機低落	☐對數學存在焦慮	☐否定自己的數學能力	☐受過去成績影響
注意力缺陷所致的錯誤	衝動、過動、注意力不集中	問題尚未看完就解題	☐易分心	☐不當聯想至不同事物	☐無法抓住題目重點
習慣性錯誤	習慣使用錯誤方法，難以更正	搞混	☐沒準確學會新方法	☐不常練習或沒人糾正	☐習慣不易更改

註：針對一個學習範圍內的作業或小考進行錯誤整理；將學生常犯錯誤類型進行勾選。

(二) 視知覺訓練（cue表1-1）

視知覺訓練在增加透過視覺系統的敏銳度，此能力增加可以協助學生提升閱讀正確性及閱讀速度，方法如下：

1. 相異圖形辨認：找出二個圖形之相異處。
2. 找指定物件：從一雜亂圖片中找出特定物體所在。
3. 辨識物體：如橘子與柳丁的差異，楓香與青楓的差異（見第二十八記），請學生分析說明其中差異。
4. 字形辨識：如指出陳與陣、佳與仕、鳳與凰等的差異。
5. 動作輔助：以動作搭配進行閱讀。例如：唸數字364時，手指著一個數字、一個數字朗讀。

後　記

課綱元素
——學習力提升

一　學習力提升對話檢視

　　針對本課各記案例中之對話，檢視負向元素及正向元素。

表1-5　學習力提升對話檢視

負向元素		正向元素	
☐1.無建設性批評	☐1.使用八股說訓內容	◯1.指出具體學習方法／策略	◯1.引導學生覺察學習狀態
☐2.使用諷刺語詞	☐2.未發展策略	◯2.提出成功範例	◯2.促進學生願意用策略
☐3.只看成果	☐3.未發現問題	◯3.發展策略	◯3.學習歷程的評量

*檢視勾選與學生互動對話的元素。
*☐為以具有負向的訊息進行溝通，◯為能適當運用正向訊息進行溝通。
*各項之數字為在各記案例中的對話，讀者可對照案例情境以掌握其意義。

二　學習力提升之課綱元素

(一) 學習策略教導

　　國教課綱將學習策略教導列為重要教學任務，期待教師要評估學生的學習狀況並依以教導學習策略。總綱中指出「為增進學生學習成效，具備自主學習和終身學習能力，教師應引導學生學習如何學習，包括動機策略、一般性學習策略、領域／群科／學程／科目特定的學習策略、思考策略，以及後設認知策略等。」（教育部，2014）。其中領域／

群科/學程/科目特定的學習策略，各個課程領域即在強調各自專業的學習策略運用。此外，其他均是教育理論中所通論主張的教學知能。然而因為學習策略無安排固定課程，若未能實際運用，則課綱只能成為「宣示」提醒。例如國文領綱指出：「指導學生運用不同閱讀理解策略，以提升其閱讀能力。」教師能否依自己的專業領域評估學生的學習問題，進而指導學生發展具體的學習策略是教師素養的關鍵能力。

國教課程所頒布的《身心障礙相關之特殊需求領域課程綱要》（教育部，2019）中指出，學習策略的教導技巧也適用於其他一般學生學習策略的學習，包括：

1. 認知策略（特學A）：學習過程中提升認知能力，包含注意、記憶、組織和理解等策略。
2. 態度和動機策略（特學B）：增進學習動機和學習態度的方法。
3. 環境調整和學習工具運用策略（特學C）：學習環境與學習工具的調整及運用方法。
4. 後設認知策略（特學D）：學習提供進階的自我調整、監控、檢核和時間管理。

在教導學生學習策略時這幾個向度應該予以規劃，這些策略在本書中各課陸續提及。本書運用了許多檢核表協助評估學生狀況後做學習調整或發展策略，乃在培育學生後設認知的能力。

(二)正向支持

傳統上師長對學生常以訓斥、指責、否定的教導模式。依據十二年國民基本教育的師資培育主旨，教育部（2020）所公布的教師五大素養中之第四項即：「建立正向學習環境並適性輔導」，提供正向學習環境及條件是當前輔導及教育學生的必須方向。正向支持除了在態度上接納學生的行為之外，也有許多策略與技巧，例如：「同理心」（empathy，見第十四記）、「功能性評量」（functional assessment，見第十四記）等。

第二課

自主學習

　　對於習慣填鴨式學習，或等待他人給予指令才有行動的學生，越大時越容易失去自主學習的習慣與意願。老師們要忙於自己的課務，看到學生負向的學習態度也只能搖頭，於是自主學習課程容易成為沒有學習動機學生放牛吃草的時間。而教師很自然地會花時間對自主學習高的學生進行指導，如此一來需要提升自主學習的那群學生更容易被忽略。

　　自主學習培育是國教課綱的重要核心課程，期望藉由多元的課程形式激起各樣學生的學習熱情。在高中教育階段的彈性學習時間更將自主學習明列為必修課程，乃由學生自己規劃，並經教師指導及其父母或監護人同意後實施，可依據目標科系強化學科學習，或以自己的課外興趣或才藝為自主學習主題。

　　無論是高中的自主學習課程或學習歷程的自主學習態度，學習動機是其中的關鍵元素。許多學生以應付的態度去進行「自主學習課程」，或者浮躁不安於學習任務，也有學生認為花那麼多的校內外時間做一個主題的探索，還不如把時間運用在加強學術科目的熟練。另外，有許多學習行為問題更是影響實踐自主學習的關鍵，卻不被師長關注。這些因素使學生未能進入新課綱的軌道。本課從以上幾個面向，描述促進自主學習的要件。

第四記

沒有學習動機的小學生
—— 好奇心的持續

　　那一次在對學生父母的演講中我提出：「我最喜歡教導具有強烈學習動機的學生學習策略，因為一帶給他策略，他就自己跑得很遠很遠，效果顯著。」一位母親說她聽了很難過，似乎沒有學習動機的孩子就被放棄了。我回答：「哦！不是的，是沒有動機的孩子要先引發他的學習動機，不然教他策略並不會有任何效益。」

一　情境

　　小D是位小五學童，一下課便衝到操場跑跳、吊單槓，是位機靈活潑的孩子。可是一進教室卻對老師的課程不回應，且不積極參與活動，常呈現放空狀態，小D是典型的「下課一條龍，上課一條蟲」的學生。久而久之老師也不再堅持小D做什麼，對於小D課業的要求只是隨機提醒一下，並未預期能得到什麼回應，反正小D不吵不鬧地，家長對小D也沒有學習上的期待，沒有什麼課程的要求。

> **透視鏡**
>
> ### 無動力世代，從校園延續到職場
>
> 　　填鴨式教育使學校像工廠，學習成就標準化：拿到好分數、考到好學校、找到好工作、賺到好多錢。於是學生分分計較，抑制孩子內在的學習動機，造就學生在校園提不起學習熱忱，進入社會後又對工作任務麻木無感應付了事。
>
> 　　交大前校長張懋中：「大學課堂上學生或趴或睡，或乾脆蹺課不來。大學生就像一群死木頭，一點反應也沒有。」

　　臺大電機系葉丙成教授：「休退學的學生還算好，沒勇氣休退學的學生更痛苦，每天上課睡覺、滑手機、考試作弊，又因為成績差沒辦法轉系，只能像一灘爛泥般活著，虛耗五、六年才畢得了業。」

摘自：王一芝（2019）

對話

(一) 沒有意義的對話

（小D沒寫作業）

▶ 林老師：「小D，趕快寫作業哦！沒寫完的話明天罰寫三遍。」

　　這是下令，含有敵意、訓斥，對學生較不能產生溝通，更會抑制其自主學習的養成。而且用「寫功課」來懲罰小D，意味著「寫功課」是個令人嫌惡的任務，就像「體罰」一樣，會讓學生潛在覺得寫功課是學生厭惡的事，其實對養成小D學習素養的傷害更大。

(二) 刺激學習動力的對話

　　在看到小D完成部分作業時，思考其中可能的優點。

- 陳老師：「哇！小D你寫這個答案好有創意，你怎麼會寫出這個答案？」引導學生以更高的能力層次分析自己的思路，培養學生不會為了應付答案而隨便填入。他在未來也會更願意去思考如何寫作業。
- 小D：「哦！因為我突然想到以前我爸爸好像講過這件事，我就很用力想，就想出答案來了！」
- 陳老師：「小D很會哦！那你繼續多寫一點，等一下再告訴老師你又想出什麼好答案！」

透視鏡	先引發動機

「牛牽到北京還是牛」……沒有動機，動力短暫且效益低，累了周邊人。

在牽手前，務必讓他／她先成為一隻好奇的兔子。

三　知識點

(一) 學習動機

　　動機為「引發、引導和維持行為的歷程」，正向動機能引起個體自主活動，維持已引起的活動時間，並得以引導該活動朝向某一目標（張春興，2000；羅素貞等譯，2020）。動機是一種驅動力，當學生覺得學習有趣、有意義、是自己好奇的，就會自主地想去探究、去思考。有動機的學生會付出更多的努力、堅持更長的時間、學習更多。

　　學習動機是學習的最重要元素，促發這動機可能是外控的驅使，也可能是內控的自然驅力，前者例如：是為了讓父母高興、因應政策而去做；後者可能是為了自己的興趣、聲譽、未來的職涯發展等。其中職涯發展可能引起個人學習的動機，但是對小學生而言太遙遠，難以未來的生涯目標促發其養成高的學習動機。通常較小的孩子充滿著好奇心，常常喜歡提問，更大的孩子很多時候對於問題的思考提不起勁，其中有很多原因，包括受到學習興趣、學習經驗或學習成就的影響。或者學生可能從小就有一個隱約的概念，好像就是要讀書，卻不知道為什麼要讀書，當漸漸地覺得讀書無趣，要花心思，加上成績不理想，其中的挫折就更加降低學習動機。

　　以小D的狀況，在小五就有如此不喜歡課堂學習的現象，未來在學習態度或學習能力容易出現行為問題，在接觸更進階課程時如何期待他有正向的學習表現？因此在學生還小的時候應積極處理其行為問題，掌握其學習狀態並引導他發展正向的學習動機。

透視鏡

問題行為 vs. 行為問題

　　許多學者主張在輔導上用詞應該謹慎，因為他會在潛意識中影響一個人的態度，也會影響人際互動的氛圍。

1. 「問題行為」意味著這個行為已經被判刑，將對個體進行標記。「行為問題」意味著行為上出現問題，予以調整教導，問題即有機會消除。

2. 同理，"The disabled students."描述一位障礙的學生，傾向這個「特徵」已無法改變。"The students with disability."意味著學生存在一些限制，他仍是一位「一般的學生」，如同戴著眼鏡的學生"The students with glasses."

(二) 近側發展區（zone of proximal development, ZPD）

　　教育心理學家Vygotsky主張大部分學生的學習成就遠低於其學習潛能，如何促使學生近側發展區（或譯最大發展區）能力的發揮為教學者應該關注的（Clarà, 2017）。除了前第一記學生未能掌握自己的學習特質之外，學習動機影響學生的努力程度，是造成學生未能發揮能力的重要原因之一。因此對學生的評量除了著重學習歷程中認知量的改變，也應該評量學生的學習動機及需要的學習策略，方能對學生輔導有適當的著力點（Vygotsky, 1978）。此為動態評量的概念，期待在教學中同時評量學生需要的學習支持，以促使學生得以有最大發展的機會。

(三) 動態評量

　　傳統評量屬於「靜態評量」（static assessment），依一定的標準化程序取得一個分數或狀態訊息，評量過程中不給予受測者協助，在評量過程中施測者與受測者之間的互動幾乎為零。為了使學生的學習潛能得以發揮，運用動態評量便可以克服此一問題。其步驟主要可分：(1)呈現問題；(2)學生解題並最好以放聲思考（見第二十一記，cue表1-1）方式表現，以了解其思路；(3)評量者分析學生可能的思考問題；

(4)評量者誘導學生解答問題;(5)計分(陳麗如,2006)。

範例:數學應用問題(10分):今天便利商店正在進行端午節活動,商品全面五折。小明去便利商店買了一瓶原價54元的奶茶及一份66元的沙拉。請問小明要付店家多少元?

A生答60元;B生答120元;C生答110元。

非動態評量計分→A生得10分,B、C生均得0分,是一個非對即錯的評分。

動態評量計分→A生得10分,而詢問學生後,從學生加法的能力、折數計算的能力考量,包括字詞的理解(如原價、打折等),則A生得分(正確理解)> B生得分(不會折數)> C生得分(傾向不會折數及進位加法)。

動態評量不會將學生的學習成果二分為對或錯,而是嘗試從中評估學生概念正確表達的程度,以及需規劃補救教學的部分。

四 課程/活動設計

(一) 我的用功檢視

學習動機是自主學習效益的關鍵。在學生學習課業時,最重要的是讓學生發自內心願意投入,然後再針對他的狀況去發展策略。以下檢核表從幾個面向檢視阻撓自主學習的因素,包括:進行學習態度檢視,評核學生的用功現象,與學生確認改變的期待(表2-1上方)後,再帶領學生檢視影響其投入學習的因素,包括幾個面向:(1)學習動機及學習問題、(2)影響成績因素、(3)干擾讀書因素(表2-1左半)。

(二) 學習動機策略發展(表2-1右半)

對小學生自主學習的培育,首先應將重點放在探索問題的態度,以及發展學習方法。設計重點應放在課程是有趣味、操作性、活動性的課程,並可設計對話引發學生思考,進而培養學生主動探索的習慣。對於較大的學生可以設計以後設認知為主的策略及以生涯發展引發的調整需求,例如:進行學習風格檢視、時間管理訓練(見第十八記)、生活價值觀(見第十六記)確認等。

表2-1 學習動機檢視與策略發展

➤我的學習狀態　□(1)學習散漫　□(2)應付學習　□(3)普通　□(4)用功
　□(5)很用功
➤對學習成果的態度　□(1)完全不在乎成績　□(2)覺得不要太差就好
　□(3)希望成績進步　□(4)希望成績好　□(5)蠻羨慕成績好的同學
　□(6)我想提升學習效益　□(7)我已經達到期望的成績表現
➤想一句座右銘來勉勵自己用功（可以上網找）：

因素	我的用功情形（請勾選及補充）	策略
動機／問題檢視	□1.我放棄用功	○檢視學習動機 ○檢視生活價值觀 ○設定學習目標 ○規劃學涯計畫 ○檢視生涯規劃
	□2.我覺得讀書沒有意義	
	□3.我覺得學習對我未來的發展沒有幫助	
	□4.同學都沒在讀書，覺得自己也不需要太認真	
	□5.不用急著用功，以後再說	
	□6.我讀書是為了別人，誰：	
	□7.我對自己的學習失望	○發展學習策略 ○請教老師／同學 ○檢視學習風格
	□8.用功效果不好，所以不想讀	
	□9.	
影響成績因素	□10.不會做讀書計畫	○發展讀書計畫 ○規劃階段性目標 ○設定具體可行的目標 ○時間管理訓練 ○提升自制力
	□11.讀書計畫執行率低	
	□12.時間管理不佳	
	□13.讀書時間太少	
	□14.太多會分心的事	
	□15.專注力不佳	○專注力訓練
干擾讀書因素	□16.追劇、追小說、追無意義的事（　　　）	○發展學習策略 ○限制手機使用時間 ○覺察自己學習時的狀態 ○自我覺察訓練 ○時間管理訓練
	□17.玩線上遊戲[a]	
	□18.習慣一直要看手機	
	□19.一直要跟人家聊天／通訊	
	□20.發呆時間太長	
	□21.一直東摸西摸不必要的物品	

	□22.環境吵雜，如家人說話聲、電視聲、其他	○塞耳塞 ○挑選適當的讀書環境
	□23.不良習慣：	○調整習慣
	□24.生活瑣事干擾，如：	○安排輕重緩急
	□25.	○
其他	□26.	○
	□27.	○

[a]16-19可進一步了解是否有網路沉迷現象（見第十七記）。

透視鏡

第五記

自主學習當機的高中生
── 追究根本因素

　　我在輔導學生時，對一些較大的學習困難學生問他們想不想功課變好，他們多點頭期待，但開始要他們配合做些改變計畫時卻直接拒絕說太麻煩。干擾青春期學生自主學習的因素太多，或來自環境，如線上遊戲、同儕、家庭的影響，或來自心理情緒，如自我認定（identity，見第十八記）等。只要存在一個較強的影響因素，就可能讓學生在學習道路上猶豫。

一　情境

　　就讀學校的讀書風氣不理想，小E曾經下課讀書就被同學諷刺「這麼用功啊？！要考臺大嗎？」讓小E在之後下課，再也沒有勇氣看書。看到周圍的同學都成天打混地也自在快活，於是就一起混下去。長期下來課業表現越來越差，小E在此環境下覺得好像應該有所改變，但從來也沒有靜下心來思考這中間出了什麼問題，於是對於學習更加提不起勁，上課打混摸魚，作業敷衍了事。

　　高二時，小E自主學習課程主題即訂定「圖書館查資料」，因為沒人管，剛好可以放心地睡覺、上社群媒體。有時候為了完成即將要交的作業，在國文課寫數學作業、在數學課寫歷史作業，課堂上課不專心聽課，課後又花時間去盲從補習，學習程序混亂且學習效益相當有限。

二　對話

(一) 過於片面的對話

　　▶ 林老師：「小E，你怎麼不像以前一樣一下課就讀書呢？」

▶ 小E：「我不想讀。」

▶ 林老師：「你都退步了，你還是應該要用功一點才好。」

老師並沒有繼續探究小E改變可能存在的原因，如此將錯失小E維持良好學習狀況的機會。

(二) 具評估功能的對話

- 陳老師：「小E，你怎麼不像以前一樣一下課就讀書呢？」
- 小E：「我不想讀。」
- 陳老師：「什麼原因呢？你近日功課退步很多，而且作業也寫得不像以前認真。你是不是遇到什麼困難，或發生什麼事？」

陳老師協助小E檢視其學習動機（表2-1），有機會找到問題所在，例如：(1)容易盲目地受到同儕的影響；(2)容易依賴爸媽為自己安排學習，所以有問題也等著爸媽來協助解決；(3)太受成績的影響，遇到挫折容易就放棄。這些覺察使小E開始有了新的動力。在確認問題後，則進一步藉由自我指導策略調整學習的問題。

 知識點

(一) 自主學習能力的內涵

發自學生內在的意願才能擁有持續前進的動力，在強烈的動機下學習成長。促進學生自主學習表現的步驟如下：

1. 了解條件：評估了解學生對學習任務所存在的優勢與限制，例如學習能力、主動積極性、家庭支持狀況、學習成長期待等，以減少出現非預期的挫折，影響學習付出。
2. 發展計畫與策略：針對限制了解合適的對應方法，在設定目標後發展個別化具體的學習計畫。
3. 採取行動：採取行動持續前進，一步步實踐計畫。

4.檢討與精進：透過檢討反省，使學習效益更高且持續。

(二) 形成性評量（formative evaluation）與總結性評量（summative evaluation）

教師在教學歷程藉由形成性評量適時掌握學生的學習表現，藉以了解教學效果以便成為調整教學的依據，及安排補救教學措施；學生則可因而了解自己的進步情形，發現需要修正的學習錯誤。形成性評量可能是在教學前或教學中持續實施，前者在了解學生的先備知識，引導教師規劃和調整教學（羅素貞等譯，2020）；後者使教師得以評估學生已學習的困難所在，以便能對症下藥進行補救輔導，以免長期積累學習問題，難以補救（鍾靜和陸昱任，2014）。如果能以形成性評量持續評估與管理小E的學習問題，則可以及時有效地處理他的學習問題。

與形成性評量相對應的是總結性評量，是在教學若干單元後或課程結束後，評量學生學習成果，測量學習的精熟水準，了解是否學到預期的內容和技能。通常用於判斷教學目標的適切性與學習者的學習效益（陳麗如，2006；羅素貞等譯，2020）。

(三) 自我指導策略

自我指導策略是後設認知運用的常用技巧之一，源自認知行為主義學派的論點，指稱認知是個體在刺激與反應之間的重要仲介因素。Meichenbaum指出，個人的不適應行為源自於錯誤認知或不當的內在自我語言，自我指導策略可以協助學生運用正向的內在語言（self-verbalization）及自我增強等技術，改變認知結構（Meichenbaum & Goodman, 1971）。內在語言具有各種形式：(1)行動式的自我指導，例如對自己說「不要再吃了，會過量！」；(2)因應式的自我指導，例如對自己說「深呼吸就不會緊張了！」；(3)評量式的自我指導，例如稱讚自己：「哇！你太神，又進步了！」。自我指導訓練可促使個體評估其負向內在語言對自己所造成的不良影響，並嘗試予以修正，以減少情緒的困擾或不適應的行為。自我指導策略常用於治療攻擊性、注意力缺陷和衝動的兒童，也用於治療焦慮、消極、失望等症狀及思覺失調症

患者（陳永進和魯雲林，2019）。以小E的情況，由於過去曾經用功於課業，可以自我指導策略協助小E時時評估當下狀態及發展相關策略。

自我指導策略應用在行為上可以調節情緒、規範行為，應用在學習上可以提升自我監控及管理能力，促使學習效益提升、減少錯誤固著等（cue表1-1）。

四 課程／活動設計

(一) 自主學習條件檢視

帶領學生檢視影響國教課綱課程中自主學習的因素，可以協助學生更有目標地學習。例如：可能包括(1)不知學習目標或目的、(2)盲目學習、(3)未能連結生涯探索、(4)死讀書、(5)不了解政策或否定政策、(6)父母的阻力等。

評估了自主學習習慣的影響因素後，便可以進一步調整自主學習的條件，以便更順利地在108課綱中學習，如表2-2。

表2-2 國教課綱課程中自主學習條件

	意義	自我檢視	得分	調整建議
1.自主學習	為自己而學習；主動地學習	☐我不知道學習目的為何 ☐我不想要有好的學習成果 ○我讀書是為了自己將來有好的及適性發展 ☐我不喜歡學習		○認清學習的目的及任務 ○構思為何而學
2.目標學習	學習是有方向性，不是盲目的	☐我不想規劃以後要讀哪些書 ○我會了解更多選修後再去選課 ☐選什麼課對我都差不多 ☐我就跟著大家選修課程就是了		○選課前先逐科調查了解 ○評估興趣性向能力，再規劃學習

	意義	自我檢視	得分	調整建議
3.生涯探索	關注自己的終身發展	☐我不會思考以後要做哪些事 ☐我不太會關注自己特質與職業的關聯 ○我曾與不同領域專家或親友談他們的專業 ☐工作離我還是很遙遠的事，不用太早煩惱		○多關注各種職涯 ○請教他人適合自己特質的職種
4.多元學習	不會只聚焦在主科（國英數理等）的學習	☐我只把讀書重點放在學術主科上 ☐我不太關心學術主科以外的學習 ☐我應該會應付學習歷程檔案要上繳的作品 ○我的讀書計畫會加入主科以外的學習／作業時間		○增加多元學習的計畫 ○認清學習歷程對入學成績的影響
5.政策認識	對於108課綱政策的了解	○老師在解說時我都會認眞聽 ☐不是很情願去了解 ☐我到現在還一知半解 ☐反正跟著大家去做就對了		○誠心了解課綱政策及精神 ○蒐集國教課綱課程訊息
6.父母支持	父母跳脫傳統學習概念，支持新模式	☐我讀書大多是父母安排指定的 ☐父母只會在意我主學科的成績 ☐父母會主張我將來做那類工作 ○父母會去關注我現在的學習模式		○增加與父母意見溝通 ○邀請父母了解課綱

*自我檢視得分＝☐－○＞0：表示學生在該項學習狀態尚未準備好，需要調整；☐－○≦0：表示學生已有不錯的準備狀態。

(二) 規劃高中自主學習目標

在高中生規劃「自主學習課程」時需要先思考為什麼進行這樣的課程，即掌握好課程的學習目標。在訂定自主學習課程的學習目標時可以參考表2-3，定位該課程對自己的意義。可以從幾個角度思考這個自主

學習課程的目標：

1. **基礎**：沒有既定的目標，純粹是選定一個科目做基本知能的延伸增長。如第七記中的滾雪球累積知識。
2. **升學探索**：因應未來目標科系期待的人格特質或經驗，去規劃課程活動。例如資訊類科可以規劃寫簡單程式的自主學習。
3. **探索生涯**：有助於規劃未來的發展，所以可能是興趣、能力、價值觀的探索等，藉以發展更清楚學習方向，則未來可以進一步做前項升學用的自主學習課程。例如藉由蒐集分析資料以自我測試性向與興趣。
4. **能力展現**：藉由自主學習課程呈現個人的能力，例如做數學專題研究。
5. **深化個人興趣**：原本喜歡的議題或者會不自覺多關注的議題，則可設定主題進一步探討。如喜歡繪畫，則可做更深入的技術鑽研，或進一步探討美術史。
6. **休閒放鬆**：如喜歡運動、下棋等，可藉以成為個人探討的主題。但要注意並不是只有「玩樂」而已，而是在其中發現一些知識性的訊息或培養學習方法等的能力。例如「探究籃球場使用分析」等。
7. **其他**：任何可以有架構、有計畫地去執行一個任務，可藉由課程來強化執行意義。

表2-3 規劃自主學習課程思考之向度

對於本課程的態度：○應付 ○湊學分 ○期待 ○加強學習能力 ○其他：		
修習目標	課程方向	計畫修習方向／科目
1.基礎		
2.升學探索		
3.探索生涯		
4.能力展現		
5.興趣發展		
6.休閒放鬆		
7.其他		

第六記

具學習行為問題的過動兒童
── 行為調整

那是一位辛苦的孩子，生理限制影響了學習行為，大家都誤會他故意製造事端沒教養。師長這時占有更重要角色，若是對該行為否定忽視可能使學生向下沉淪發展，而適當的支持引導將促使學生仍願意努力克服限制，發揮個人潛能……。

一　情境

小F為醫師診斷具有注意力缺陷過動症的學生，無法在座位上長時間學習，並且常干擾同學，例如摸一下同學的頭髮、對同學丟橡皮擦、突發奇想地插一句不相干的話等。老師要小F寫作業，小F總能說出各種藉口不配合，例如要上廁所、沒有鉛筆、肚子餓等。這些使得小F在班上無法有好的學習狀態，在學習表現成果常出現作業一團亂的情形。課程活動也常因為小F的搗蛋而中斷，因而在班上人緣極差。小F父母不斷地接到老師的電話，提醒父母要好好管教訓練小F，以免在學校製造爭端無法學習。

二　對話

(一) 破壞性對話
　▶ 林老師：「立刻坐好，不然要告訴你媽媽。你回家後，媽媽會處罰你！」

以威脅教養或許可以得到一時的嚇阻，但沒有教導學生如何提升個人的行為管理能力。

(二) 錯誤增強對話

▶ 林老師：「來，坐好！你的鉛筆盒好炫哦！跟老師介紹一下，一定很貴哦！」

這樣的對話雖然能和學生維持友善關係，但是會促發學生下次想買更多更貴的物品，並可能會誤導學生的價值觀——「東西要貴的」。因此在稱讚時應該再多思考所言所行對學生的影響，評估所做的增強會產生什麼樣的後果，是有意義的嗎？還是會養成學生什麼樣的態度？

(三) 效益有限對話

▶ 林老師：「哇！你好用功！」

雖然這樣的增強是給予鼓勵，但仍未具體增強到有益於學生的表現，其增強的功能有限，並且也可能養成學生依賴外在稱許才能持續學習動力的態度。

(四) 引發覺察的對話

• 陳老師：「小F這次小考進步好多，是怎麼辦到的？」

引導學生去思考他最近做了什麼改變，並知道如何去維持那個行為，以及得以增強那個策略。

(五) 增強目標行為

• 陳老師：「哇！你這題算出來了！你教老師怎麼算。」

引導學生思考作業運作歷程，如此將可培養學生更高層次的學習。

(一) 注意力缺陷過動症

我國《特殊教育法》的子法《身心障礙及資賦優異學生鑑定辦法》（2013），界定ADHD為情緒行為障礙類別之一。而依《精神疾病診斷與統計手冊》（*Diagnostic and Statistical Manual of Mental Disorders, DSM*）第五版的診斷標準，分為二個向度，一為具干擾功能或發展的持續注意力不足，二為具過動與衝動的行為樣態（pattern）（見表2-4）。若不具有過動而單純只有注意力缺陷，則屬於注意力缺陷（ADD）的學生，依據該辦法，注意力缺陷的學生若沒有過動特質，則會偏向界定在學習障礙學生之類別內（見第八記）。

ADHD在學習行為上常常帶來很大的影響，如行為規範、學習成就等，限制了他們發揮潛能的機會。可利用本書各記之相關活動予以訓練調整，如第二記的專注力訓練、第二十一記的放聲思考等。

表2-4　注意力缺陷過動症者的診斷準則

類型	特質診斷準則	表現狀態
注意力缺陷	1.作業、工作、或活動經常粗心犯錯，無法注意細節	17歲以前者至少六項，17歲（含）以上者至少五項；持續半年以上
	2.工作或遊戲活動時經常難以持續注意力	
	3.經常無法專心聽別人對他（她）說的話	
	4.經常不能依照指示把事情做完。如不能完成學校作業、家事、或工作職責（並非由於不願意或不了解指示）	
	5.經常難以規劃工作及活動。如難以安排後續工作；難以有序地擺放物品；亂七八糟、缺乏組織的工作；時間管理不良；無法準時繳交任務（如作業）	
	6.對於需要全神貫注的任務，經常逃避、不喜歡、或排斥參與	
	7.經常遺失身邊物品，如玩具、作業、手機、眼鏡等	
	8.經常受外界刺激影響而分心	
	9.日常活動中經常忘東忘西	

類型	特質診斷準則	表現狀態
過動/衝動	10. 經常手腳不停動作或坐時扭動不安	17歲以前者至少六項，17歲（含）以上者至少五項；持續半年以上
	11. 在課堂或需要安坐時，經常離開座位	
	12. 在不適當的場合經常過度四處奔跑或攀爬	
	13. 經常難以安靜地遊玩或從事休閒活動	
	14. 經常處於活躍狀態，或像「馬達」般四處活動	
	15. 經常說話過多	
	16. 經常在對談者未說完問題時，即搶說答案	
	17. 經常難以等待需要輪流的活動	
	18. 經常打斷或干擾他人（如冒然打斷他人談話或闖入他人遊戲）	

整理自DSM-5, 2013。

(二) 專注力缺陷

專注力是學習效益的關鍵，專注力不足使學生呈現「學習渙散」（cue 表1-1），提升專注力，通常會連帶地提升記憶力、降低粗心表現、提高成品細緻度、增加理解力。因此掌握學生學習動機後，專注力表現是最重要的學習策略之一。

影響專注力的因素有幾個，其中之一是生理因素。小F是經過醫療評估診斷的ADHD學生，若由醫療協助常可以對過動及專注力得到一定的改善。可能服用如利他能（Ritalin）、專思達（Concerta）、思銳（Strattera）等藥物。具有感覺統合失調的較小孩子可能經醫療評估後，依需求另外安排感覺統合訓練。在教育面則教師可以藉由行為改變技術與醫療介入相輔相成，提升行為管理能力與增進學習成效。當學生年長時，將可因為自我管理能力提升而減低對醫療藥物的依賴。

(三) 感覺統合訓練

環境中的豐富訊息必須依賴各種感覺而覺知，至少包含：前庭覺、本體覺、觸覺、視覺、聽覺、嗅覺、味覺與肌肉關節的感覺等。大腦整合各種感覺並執行行動的能力，就是「感覺統合」（Sensory integration）。當神經生理順利發展，個體將能準確地接收及組織各種感覺，以應對環境中的各種刺激並適當適時行動。

感覺統合失調的兒童會影響其學習歷程及成果，也會影響動作協調、生活程序等。1950年代初期，職能治療師Ayres博士，依據神經心理與發展理論設計感覺統合訓練課程，藉以提升專注力、行動協調等的效益，感覺統合治療方法主要是根據兒童所存在的生理、心理問題，給予相應的刺激，特別是輸入大量前庭刺激，改善前庭功能（陳永進和魯雲林，2019），以及統整各種感覺，而其訓練的關鍵期為7歲以前。但必須注意的是，若學童的學習問題非因為感覺統合失調而引起，進行感覺統合訓練並無意義，則會浪費時間。

四 課程／活動設計

(一) 行為改變技術（behavior modification technique）與增強（reinforcement）策略

行為改變技術主要運用行為主義學派（behaviorism）理論所發展的增強策略進行行為的調整。孩子還小的時候可善用此技術及策略，調整其不適應行為，使兒童因為習慣而內化為個人特質。有時候兒童維持適當行為的時間不長，則可以「提醒卡」做行為規範的工具（見第十五記）。

在行為改變技術中常用增強的策略，增強應用必須有計畫並務實地執行，否則可能影響效果。一個適當的增強具有幾個特色：

1. 非結果的讚美，而是歷程的讚美。促使學生知道如何行動，如此學生方能知道怎麼做才是適當的。如本記陳老師對小F的增強。
2. 具體的增強：例如與學生約定坐在位置上超過15分鐘即可以得到一張微笑章，10張微笑章可以得到一個獎勵，並用計時器確實記錄。
3. 有效的增強：獎勵制度及獎勵品必須與學生討論，而非師長單方面訂定的。增強物必須是學生期待獲得的，否則將無法出現增強的效果。其中增強物包括實物增強、活動增強、社會增強、代幣增強等（表

2-5）。

4. 依規則實施：師長如果沒有依結果如實執行已承諾的增強規則，則未來要再建立新的增強方案時便失去效果。

5. 增強後提供正向的支持，引導學生表現更多適當的行為。

表2-5 增強物調查

A. 實物增強（食物、物品……）：
B. 活動增強（遊戲、郊遊……）：
C. 社會增強（喜歡的對話或人際互動）：
D. 代幣增強（貼紙或點數記號）：

(二) 尋找改變的動機

常常學生會自覺應該要有所改變，可是有時候動力是一時的，難以出現成效。畢竟許多改變需要有相當的毅力，是無聊且漫長的。意興闌珊的態度會使改變短暫之後又會覺得目前也不差，因此又回到原來的舒適圈，停滯不前。此處協助學生找出改變的可能動力來源。做預期的準備之後，再搭配階段性目標（見第二十三記），可以使動力持續。表2-6首先評估哪個特質可能引起學生持續改變的動力，如果有，則常常以之為提醒。另外也可以從生活價值觀評估（見第十六記）著手，引導學生持續追求個人的生活目標。

表2-6 尋找改變動機

受評人具有的特質	可能利用這個特質改變行為嗎？				
	完全不可能	不太可能	不確定	可能有機會	非常可能
1. 尊重權威人士	1	2	3	4	5
2. 相信書本裡的理論	1	2	3	4	5
3. 相信科學數據	1	2	3	4	5

受評人具有的特質	可能利用這個特質改變行為嗎？				
	完全不可能	不太可能	不確定	可能有機會	非常可能
4.相信媒體報導	1	2	3	4	5
5.相信某親友（如父母、好友） 　誰：＿＿＿＿＿	1	2	3	4	5
6.希望自己成績好	1	2	3	4	5
7.希望交朋友	1	2	3	4	5
8.希望以後有好工作	1	2	3	4	5
9.希望以後賺多錢	1	2	3	4	5
10.希望更吸引人	1	2	3	4	5
11.希望獲得他人的欣賞	1	2	3	4	5
12.希望他人對我另眼相看	1	2	3	4	5
13.希望與偶像（誰：＿＿＿＿）一樣成功	1	2	3	4	5
14.希望某人高興/喜歡我，誰：＿＿＿＿	1	2	3	4	5
15.其他	1	2	3	4	5

透視鏡

後 記

課綱元素
—— 自主學習

一 學習生涯定向對話檢視

針對本課各記案例中之對話，檢視負向元素及正向元素。

表2-7 學習生涯定向對話檢視

負向元素		正向元素	
□4.讀書、作業當處罰	□4.不管學生放棄的心理	○4.提出學生學習狀態的證據	○4.引導高層次能力學習
□5.只看到片面現象	□5.未評估真正困難	○5.從側面了解學習問題	○5.注意學習歷程變化
□6.使用威脅的語氣	□6.增強了不適合的表現	○6.與學生維持良好關係	○6.有效的增強

*檢視勾選與學生互動對話的元素。
*□為以具有負向的訊息進行溝通，○為能適當運用正向訊息進行溝通。
*各項之數字為在各記案例中的對話，讀者可對照案例情境以掌握其意義。

二 自主學習課綱元素

(一) 自主學習

　　國教課綱總綱指出：十二年國民基本教育之課程，「強調學生是自發主動的學習者，學校教育應善誘學生的學習動機與熱情，引導學生妥善開展與自我、與他人、與社會、與自然的各種互動能力，協助學生應用及實踐所學、體驗生命意義，願意致力社會、自然與文化的永續發展，共同謀求彼此的互惠與共好。」（教育部，2014）。

　　國教課綱希望學生在高中教育階段對未來有更明確的發展路徑，並依以選修課程或做探究與實作。沒有方向的學生對各種課程常常「先修起來放著」或「先做起來放著」，例如數甲、自然、社會、志工等課程，怕未來確定方向時會在相關學習歷程上呈現空白。然而國教課程更在乎學生學習過程的「自主性」，與在其中「學得方法」，例如增進「分析能力」、「探索知識的熱情」等，如何展現此類元素是自主學習課程中更重要的任務。

　　學生若未能具備適當的學習態度，將無法掌握其中學習要領，便可能會有大量的「盲從者」、「茫然者」，則難以展現自主學習的態度與能力，如何充分準備應有的態度，將是決定新教育政策學習的成敗關鍵。

透視鏡

自主學習課程

　　是自己主導學習，不是自己學習。國教課綱希望學生將主導權回歸給學生，所以老師及家長應該尊重學生的選擇，依學生的條件支持其規劃課程。

　　自主學習課程是十二年國教課程最大的變革之一，也是臺灣有史以來讓學生可以自己規劃課程內容的第一次實踐。目前主要安排在學校內的「彈性學習時間」，其課程指導教師可以是學校教師、父母、父母友人、或自己與大學教授聯繫尋求指導等。由學生提出計畫，由所就讀的學校審核方案。

　　就111學年入學甄選的大學而言，共有二千多個校系，有85%以上都會在申請入學時檢視學生的自主學習修課狀況。

(二) 彈性學習時間

　　十二年國民基本教育為了多元的教育型態設計彈性學習時間，其課程安排可以有各種形式，例如：(1)運用彈性學習時間實施體育活動（高級中等以下學校及專科學校五年制前三年體育實施辦法，2018）；(2)以校訂必修設計各領域／科目之延伸課程，以強化學生知能整合與生活應用能力；(3)以選修課程設計加深加廣修習多元表現；(4)安排學生自主學習、選手培訓、充實（增廣）／補強性課程及學校特色活動（陳麗如，2021）。因應多元的學習型態，也指示了彈性學習課程的評量原則（國民小學及國民中學學生成績評量準則，2019）等。

透視鏡

第三課

閱讀素養

　　閱讀是學習很重要的能力，關乎著各科目學習的效益，更是國教課程中最為強調的素養之一。影響閱讀的元素包括認字、理解句子、融會貫通、組織段落訊息等各種能力，另外學生是否排斥閱讀，不具有閱讀習慣等均是阻礙閱讀素養養成的關鍵因素。而這之間「評估」扮演著學習輔導重要的切入點。

　　本課從字詞的閱讀、閱讀態度，以及閱讀學習課程的調整安排，談及如何提升學生的閱讀素養能力。

第七記

被名詞卡住閱讀的小學生
—— 關注字詞理解

有一天我在便利商店寫著論文，隔壁座是一對母女，可以感受到母親相當在乎孩子的學習成果，也有許多的期許在其中，但是不一會兒的時間出現母女僵硬的氣氛。我想很多時候父母教導子女，也會出現這樣的現象。

一 情境

母親正在教女兒小G檢討試卷，在檢討過程中母親看到一題小G不該錯的，有點無奈的感覺。

二 對話

(一) 師長自我中心的對談

▶ 小G母：「臺灣有沒有鄰國？你怎麼連這題都錯了？」母親指著一道題目：「臺灣有沒有鄰國？」

▶ 小G：「有」。小G很沒有信心。

▶ 小G母很生氣地說：「臺灣有鄰國？臺灣旁邊有沒有別的國家？！」

▶ 小G：「沒有。」

▶ 母親顯現不耐煩的語氣：「對啊！那麼臺灣有沒有鄰國？」

▶ 小G很小聲地說：「有。」顯然小G被母親嚇到，已無法好好思考，但她知道要回答母親。

▶ 果真母親很生氣地問小G：「怎麼會有呢？！你前面不是說臺灣旁邊沒有其他國家？！」然後很生氣地離開便利商店。

　　小G很無辜地，我想，也一頭霧水地，跟在後面走出了便利商店。

　　看來這是個雙輸的局面。母親有一份愛女的心，卻未適當評估小G的學習問題。

(二) 加入評估的對談

- 小G母：「臺灣有沒有鄰國？你怎麼連這題都錯了？」
- 小G：「有。」（小G很沒有信心）
- 小G母：「臺灣旁邊有沒有別的國家？」
- 小G：「沒有。」
- 小G母畫下臺灣圖形問小G周邊的情境，了解到小G並非對臺灣的地理圖像不了解，但會答錯應該是該句話存有不理解的詞：「有鄰國是什麼意思？」
- 小G：「不知道。」
- 小G母：「『有鄰居』是什麼意思？」
- 小G：「家裡旁邊有住人家。」
- 小G：「對，那臺灣旁邊有鄰居嗎？」
- 小G：「沒有。」「可是阿嬤家隔壁沒有住人，她還是有鄰居啊！」

　　顯然小G對「鄰國」的認知被她的「鄰居」認知干擾了。小G很放心地提出她的疑問，而小G母理解到了問題所在，於是與小G一起查資料，將鄰國與鄰居的差別做一個比較。

透視鏡

鄰居 vs. 鄰國

　　古代的地政制度「五家為鄰」，故鄰居的鄰是指鄰近，居住在家裡附近的均可稱為鄰居。

　　鄰國是指土壤緊鄰的邦國。

　　許多師長在教導學生時，不容易去體會學生的思路，只會覺得「怎麼這麼笨！」。父母小時候也未必是順利地學習，父母常未認知自己已多了孩子數年讀書歲月，更多了幾十年的人生閱歷，當然經歷的語言或字詞比孩子多。另外，當父母小時候功課很好，而孩子功課沒有很順利的話，孩子在學習路上可能受到更多的不解與責備，求學之路將更為辛苦。

　　常常對師長很淺顯平常的詞彙，對於正在成長的學生可能是個生詞，師長在教導學生時若只以「不認真」、「懶散」、「真笨，也不想一想」等來與學生對話，將無法帶領學生有更好的學習狀態與成果。在學習上出現問題時，不應從師長的角度去看學生的能力或學習態度，而是應該具有「同理」能力去思考學生出現的學習問題。

透視鏡

學習困難學生的苦與難

麗如老師這樣說～

學困生／低成就生的苦難：出生自學霸的父母。

學困生／低成就生的災難：他／她又遇到學霸的老師。

詮釋→學霸的父母／教師多不理解孩子學習困難所在。

師長應該認知「評估」，才能解決學生學習苦惱與困難。

三　知識點

(一) 認知學習層次

　　Bloom提出認知學習的幾個層次，包括知識、理解、應用、分析、綜合、評鑑，顯現高層次能力依賴低層次的學習能力為基礎。當沒有知識為底時，在運用高層次知能時會很空泛，不能運用扎實，也常常無法朝正確的方向思考及推論，因此沒有知識則難以培育素養。而不管是語文或數學等科目，閱讀能力仍關乎各科知識的取得。

　　在範圍比較小、或學習內容比較簡單時，可以利用努力或死記來維持理想的成績，但範圍擴大時，必須呈現幾個面向的能力：(1)具備統整的高層次能力；(2)相似的內容越來越多，必須能比對辨認；(3)為了完成前述二個工作，必須有強的基本知識。而這些都需要學生個人有好的學習策略，來助長其學習效益。

(二) Piaget認知發展論

　　Piaget是第一位主張兒童是主動積極適應環境的個體，強調教學者應關注學習者內在的認知過程。他把兒童的認知分成四個發展階段，每一階段發展關係著能否順利發展更高階層次的認知能力。各階段的發展乃連續不斷且有一定順序，階段不會省略，順序也不會顛倒：(1)感覺動作期（sensory motor stage），0-2歲：嬰兒從反射動作成長到複雜的感官動作，發展出物體恆存的概念；(2)前運思期（pre-operations stage），2-7歲：兒童以自我為中心，認知到物體具有符號的意義，但尚未具保留概念及具可逆性思維；(3)具體運思期（concrete operations stage），7-11歲：根據具體經驗思維解決問題，理解可逆性與守恆的道理，能把資料組成邏輯的關係並能操弄解決問題情境的資料；(4)形式運思期（formal operations stage），11-16歲：有邏輯和抽象的思維，能依假設—驗證的科學程序思考分析解決問題。Piaget認知發展理論以基模（schema）描述個體認知的特質與屬性（張清濱，2020）。是以，在教導學生時應評估其發展的認知水準及認知基模的內涵，以便引導他以自己的條件去學習新事物（見第十二記建構主義理論）。

(三) 社會學習理論（Social Learning Theory）

　　1968年心理學家班杜拉（Bandura）提出社會學習理論，指出透過觀察楷模（model）的行為及其行為結果會產生認知的改變而學得新行為，是重要的社會學習歷程，包括：(1)注意階段、(2)保留階段、(3)再生階段、(4)動機階段。前二者在觀察模仿，後二者在產生學習。楷模可以是父母師長、同儕、影視名人、社會新聞事件的人物等。楷模傳遞刺激給觀察者，使他認知歷程出現改變，而強化或減弱觀察者表現該行為，其學習的標的可以是學習方法、社會態度等。在自然情境中，觀察

學習（observational learning）後不一定會有立即的行為反應，但在適當的誘因下，觀察者會將習得的行為表現出來。在團體中技巧性地設計楷模示範或團隊競賽，例如：本記的活動，可以醞釀正向的學習氣氛，讓較沒有學習策略的學生經由自然地觀察學得學習技巧，或提升學習的動力。

四 課程／活動設計

如何提升學生閱讀素養，養成閱讀習慣與提升閱讀能力為教學重點。

(一) 生活知識累積

做一本筆記本，記錄在平常生活中遇到的名詞。一來方便個人提升生活詞彙的敏銳度，可以累積及整合知識，在高中時並可以成為個人的專題報告，上傳成為自主學習課程的作品。在入學口試時，如果學生能把歷年來蒐集整理的本子呈現給委員看，將可以成為個人自主學習非常有力的證明，為學生的學習歷程加分（參考表3-1）。如果學生有興趣並可以自製一本辭典建立索引（表3-2），可以更有結構地整理知識，也可以藉以培養學生整理及分析資料的能力與態度。若有2位以上的學生，如兄弟姐妹、鄰居、同學等，可以訂每週找三個名詞整理後分享，則效益更高。

表3-1 小G來自生活的名詞知識累積簿（範例）

名詞	科目	簡單意義	未來探究計畫	建立日	建立動機
紅樹林	地理 生物	生長於熱帶海岸潮間帶，泥濘及鬆軟的土地上所有植物的總稱	功能、臺灣紅樹林分布	110/12/2	郊遊：淡水紅樹林
匯率 （exchange rate）	數學	不同幣值兌匯單位	分即期賣出匯率、即期買入匯率、現鈔賣出匯率、現鈔買入匯率	111/1/20	電視新聞：美元貶值

名詞	科目	簡單意義	未來探究計畫	建立日	建立動機
納許均衡（Nash equilibrium）	數學 經濟	參考他人決定後再決定；談判雙方不斷算計對手的策略	賽局理論；零和遊戲	111/5/3	假日看電影 *A Beautiful Mind*
熱泵（heat pump）	物理	利用冷媒與壓縮機做瞬間大量熱轉移	壓縮機	111/6/2	家庭旅遊民宿浴室訊息：使用熱泵熱水器

　　建立自己生活知識庫，有助個人知識的累積，並可成為自主學習計畫的素材。

表3-2　小G的名詞知識辭典（範例）

科目	名詞		頁數
數學	納許均衡（Nash equilibrium）	………………………………	12
	匯率（exchange rate）	………………………………	18
生物	紅樹林	………………………………	24
物理	熱泵（heat pump）	………………………………	32

(二) 滾雪球式累積知識

　　引導學生學習讀書往下扎根，可以使學生的學習扎實，養成務實學習的態度去建立知識。並且從學生關注主題的傾向，也可以試探學生的學習性向。本示例以滾雪球方式，即從一個知識名詞陳列一句解釋，再從這一句描述中找出一個知識去解釋，這樣一階一階地去陳列（表3-3）。

　　教師可在課堂中訂一個主題，安排小組競賽，可以把這個階梯線拉得最長的組別獲勝，完成作業後各組分享。如果手足、家族、或鄰居有2位以上小孩，可以遊戲方式競賽。舉凡社會、自然、英語等領域，均可以如此設計安排課程活動。

表3-3 滾雪球式累積知識（範例：疫苗）

COVID-19：新冠肺炎，在21世紀初開始流行的，一種**病毒**的強力傳染病。	**病毒**：至2021年7月，全世界主要有四種**變種病毒**。	
	變種病毒：病毒為了存活，必須不斷變異以適應環境。變種病毒可能使得罹患疾病者的**致死率**更高。	**致死率**：指經過統計，得病的100人中大約死亡的人數。注射**疫苗**可以大為降低致死率。
		疫苗：經生物醫學實驗室所發展的低／無致病性的病毒／病毒蛋白（抗原），注射入人體後可使人體對該病毒產生**抗體**。
	抗體：病毒和細菌入侵人體後，攻擊人體和進行複製，人體同時啟動免疫系統製造抗體。若團體內有多數人打疫苗，則可以產生**群體免疫力**。	
群體免疫力：醫界認為團體內超過六成人口接種，才能達到群體免疫的成效。		

透視鏡

第八記

不喜歡讀知識的小學生
——揪出學習假象

那位媽媽說孩子很喜歡讀書，滿滿都是字的書一下子就讀完，還嫌老師挑選在班上輪流看的書籍圖太多、字太少、太幼稚。可是學校的國語習作卻很沒耐心讀完，也不喜歡做作業；數學應用題更是直接放棄。我在學習輔導時能明確地看到許多不喜歡讀書或閱讀能力不佳的學生，往往存在一些學習上的問題，而且原因各自不同。

一　情境

小H是5年級的小學生，H母常很得意地對親友說小H很喜歡讀書，整天捧著一本書一直看，不像別的孩子成天玩手機、玩線上遊戲。但小H應用能力並不佳，要小H分析出一個概念的背後訊息或提出個人看法時常常無法回應。很明顯地，故事性的書籍可以瀏覽方式快速讀完，但是要「傷腦筋」地讀知識則顯得無趣逃避。在學術科目中常會因為被名詞卡住，以致越來越不喜歡讀知識性書籍。因為不喜歡讀書，小H看到較多文字的課程文章就沒有耐心去讀它，或者乾脆逃避不讀，遇到大量的文字作業或試題更直接放棄。這樣的情形使小H在就讀更高年級時，與同儕的落差更大。

二　對話

(一) 月暈效應（halo effect）對話

▶ H母：「小H，趕快讀書喔！」

▶ 小H：「好多看不懂。」

▶ H母：「不會吧！你小說讀得很快，花點心思就可以讀的。」

H母未深入了解小H可能的學習問題，也就難以去引導適當學習。

(二) 消極性對話

▶ 林老師：「小H，趕快讀書喔！」

▶ 小H：「好。」

如果未去了解或追蹤學生的學習狀態，便會形成消極的習慣，包括不在乎的習慣、被動的模式、不求解的學習模式、拖延與應付的態度、或習慣「做不到已承諾的事」的工作態度。因此，將更難以引導小H踏實地學習。

(三) 檢視性對話

• 小H：「好多看不懂。」

• 陳老師：「看不懂什麼？」釐清學生閱讀的問題，是認字，是認詞，或是理解段落。

• 小H：「這個。」

• 陳老師：「來，你唸一遍。」

小H讀一遍，確認字詞都可以正確唸出，所以排除認字的問題。

• 陳老師：「你字都認得啊！」

• 小H：「題目太多名詞，看得很不順。」

• 陳老師：「如果平時沒有掌握相關知能，確實會被很多名詞卡住。」「那我們來把不懂的名詞一條一條抓出來查一下，就會看得比較順。然後再用心智圖的方法學習，就能清楚地了解內容。」

引導學生同意自己的狀態並願意運用相關讀書策略，而後成為學習習慣，如此可帶領學生遇到問題時進行分析及尋找解決方法。

三 知識點

(一) 閱讀困難與學習障礙

不願意讀太多文字可能是不習慣，也可能是有閱讀困難，二者都會讓學生以「不喜歡」來敘述他的感覺，或呈現其困難的行動，然而二者的處理方法不同。前者要讓學生養成習慣，而閱讀困難的學生會成為學習很大的限制，因此必須評估其學習特質再發展策略，此部分可以透過第一課了解。如果學習困難很嚴重，則可能為學習障礙學生。

學習障礙，統稱神經心理功能異常而顯現出注意、記憶、理解、知覺、知覺動作、推理等能力有問題，致使在聽、說、讀、寫或算等學習上有顯著困難者。其鑑定基準包括（身心障礙及資賦優異學生鑑定辦法，2013）：

1. 智力正常或在正常程度以上。
2. 個人內在能力有顯著差異。
3. 聽覺理解、口語表達、識字、閱讀理解、書寫、數學運算等學習表現有顯著困難，且經確定一般教育所提供之介入，仍難有效改善。

學習障礙有幾種亞型，以DSM-5分類，常見的有閱讀障礙、書寫障礙、算數障礙、拼字障礙，有的是單一亞型障礙，有的是多重類型或綜合型。就前述我國對學習障礙的定義中「識字」及「閱讀理解」的障礙，即歸屬於閱讀障礙的學生，是占學習障礙學生比例最高的。閱讀障礙者識字閱讀可能會左右顛倒，跳字跳行或閱讀速度很慢，這個現象可能與其視知覺的限制（見第三記）有關。閱讀障礙在學習的影響不只在語文類科，包括數理科等情境應用問題均受到相當的影響。

另有些閱讀障礙學生具有符號認讀障礙，部分可能起源於視知覺的問題，他們在學習ㄅㄆㄇ、ABC或數學符號等代號學習有較大的限制。

(二) 心智圖（cue表1-1）

心智圖主要採用圖志式的概念，以線條、圖形、符號、顏色、文字、數字等各樣方式，將概念或訊息快速地摘要（陳龍安，2006），主要運用放射性思考（radiant thinking）技巧，從中央的一個主題開始，往外擴散出相關聯的內容結構，將所有的資訊整理在一張圖面上。心智圖是一種思考方法，也是一種筆記技巧，對於繁複凌亂的訊息可以有系統地組織而減少大腦的記憶負擔，以及有助於發展有系統的思路。其運用步驟如下：

1. 準備多種顏色的筆以及空白紙：如果內容較多較繁複，則紙張應更大張。
2. 主題：以重要的主題為中心，以放射狀向周邊延伸概念，階層地呈現各概念間水平或垂直的關係。
3. 文字：以精簡的關鍵詞呈現，一詞一重點。
4. 圖像：可以小插圖強化重點，或增加閱讀的方便性及印象。
5. 線條：運用線條連接中心主題。較粗的線條為主幹，呈現比較主要的大分類資訊；較細的線條為枝幹，呈現次要的資訊。主幹和枝幹延展呈現，使心智圖看起來就像是一個靈活的有機體。
6. 顏色：以顏色呈現概念上清晰明確的塊狀概念，藉以強化印象。

運用心智圖可以促使各種任務達到更好的品質，例如促使學習記憶更有效、寫作更有結構、生活管理更明確有次序、增加創造力表現，另外可藉由心智圖安排成員任務促進小組合作等（郭文芳，2022）。網路上可以蒐集大量的心智圖範例，為了節省篇幅，此處不呈現。另網路上也有些心智圖軟體，多數分為免費基礎版及付費進階版，讀者也可以下載運用。

(三) 月暈效應

是對人觀感的一種認知偏差的表現，又稱為光環效應，是美國心理學家Thorndike（另見第二十三記）於1920年提出。當一個人在某些領

域表現突出，他人便容易沒有進一步了解求證就認為這個人在其他領域也一樣地優秀。常見的如：看到相貌堂堂的人就認為他一定事業有成、個性好；知道一個人英語TOEIC考了800分，那麼他的其他課業也一定很出色；面試官看到候選人畢業於名校，就認為對方各方面都是優秀的。月暈效應容易讓師長對學生有錯誤的期待，也容易忽略學生的學習問題與弱勢。又如本記中的小H很喜歡閱讀休閒小說，家長可能就認為他是喜歡讀書的孩子，卻可能因此忽略他在讀知識上的困難，沒有去找出真正的學習問題所在。

四 課程／活動設計

　　閱讀素養是國教課程中的重要培育目標。中小學教育都會指定學生閱讀的作業，閱讀作業書目的挑選非常重要，引導學生自己規劃選擇符合興趣或期待學習探討的領域，避免讓課程活動只變成「作業」，否則會成為一件交差的事，可能又要淪為抹煞學生學習熱情的課程。此部分可以與第八課及第九課中的學涯與職涯結合，藉由抽絲剝繭的方式發現學生的閱讀動力，協助學生發展適當的閱讀能力。此外，關於長篇文章閱讀及關鍵字可做如下訓練：

(一) 長文閱讀訓練

　　對於長篇文章閱讀除了字與詞句閱讀的基本技巧外，可以幾種方法訓練：

1. **習慣長篇閱讀**：習慣去閱讀、找重點、及進行分析。對於看到長篇文字就放空的學生，可以訓練以後述圈選關鍵字的技巧掌握任務。又如父母如果看到較長的文句或文章，可以故意跟孩子說自己忙或看不懂意思，請孩子看了之後解釋給自己聽（見第二十九記）。
2. **分段閱讀、問題簡化描述**：當一次呈現太長文章或太多問題時，有些學生無法記住整段重點或答案，則可嘗試將學習內容分為更小段落依次研讀（cue表1-1）。一段讀得透澈清楚後才讀另一段，否則會為了要記太多內容反而記不住大部分的內容。甚至一句一行，讀幾次後再

把句子放在同一段落內再讀一次，此方法很適合對看到太多文字就不耐煩的學生進行訓練。並可藉由「一段段閉眼複述剛讀內容」（cue表1-1）的技巧，強化記憶。

3. **抽離圖片或影像的閱讀**：對於較小的學童可以從有圖案的少量文字故事書開始閱讀，或先觀看影片然後再把內容另輸入純文字檔中，讓學童再讀一遍，培養其閱讀的習慣與興趣。有的影片會將字幕另外列出，則可以省去打字的步驟。也可以藉由一些語音轉文字檔的APP或圖字檔轉文字檔的軟體，均可善用後協助建立文字檔，訓練學生閱讀。

4. **以影片引導閱讀**：如果受限於理解能力，或學生不願意花心思去閱讀，可能是學生對文章內容不熟悉或厭倦看文字，則可嘗試找相關知識影片搭配了解的文章書面訊息。但不可以就此結束，一定要再回去看一次純文字的書面資料。如此反覆操作，未來將能夠提升文字訊息閱讀能力，也才能提高閱讀的關鍵能力。範例：老師提供一篇概述《老人與海》的文章，請同學寫心得。小H不喜歡閱讀，看到全部

透視鏡

閱讀障礙的孩子不要只是一直讀

麗如老師自傳之一

小時候看到全是字的課文覺得好多書要讀就苦惱，為了安慰自己，不管效果好不好，總是拿著書「空讀」……讀完了第21頁應該翻到第22頁，結果不小心翻到第24頁，讀起來也蠻順的。

現在探究特教生的特質，終於了解了這就是專注力缺陷的典型反應，是閱讀困難的表徵之一。

那時候為了讓自己能「掃描」課文內容，於是每頁先讀第一段，然後讀最後一段，再讀中間的……感覺這樣「內容」好像就短了許多。再把三大塊部分連接起來，為了要「連接」，便需要用心，於是專注力提升了，吸收狀況也好多了。

都是字有很大的負擔。於是從網路上找影片，先觀看5分鐘以內的影片，概讀一次文章內容，再觀看一次較長的影片，再回去閱讀文章或書籍。

(二)關鍵字訓練（cue表1-1）

許多學生在讀書時不會找關鍵字，更不會找重點。師長請學生劃重點時，他會從頭劃到尾，以至於一大堆文字對他的負荷相當大。在長篇文章閱讀中找關鍵字及找重點，便成為重要的讀書能力。訓練學生找關鍵字時，可以先從一句話的關鍵字訓練起。例如：以前述一句話「以至於一大堆文字對他的負荷相當大」為例，進行找關鍵字的活動，步驟可以分為：(1)將這句子中的一個詞、一個詞分出來，就會變成如下（表3-4）的斷句；(2)依序一次遮住一個詞，看意思與原句偏離的程度，偏離越多表示越關鍵。當然，有時候關鍵字或重點會依前後文而有不同的重點分量。

表3-4 關鍵字訓練

拆詞	以至於	一大堆	文字	對他的	負荷	相當	大
重點	×	×	✓✓	×	✓✓	×	✓

註：(1)一個詞、一個詞輪流遮住（即刪除該詞）；(2)評估遮住後意思偏離程度，分為偏離很多（✓✓）、偏離一些（✓），或沒有影響（×）。

此訓練不但使學生找關鍵字或閱讀理解力得以提升，而且，學生因為有具體的任務──「評估意思偏離與否」，必須有高的專注力，否則他難以完成，因此專注力提升了，學習效益也將提升。待學生找一句話內的關鍵字而敏銳度提升，他在一篇文章內思考重點的能力也會順勢提升，長期下來，甚至溝通或聽課擷取重點的能力也會提升。

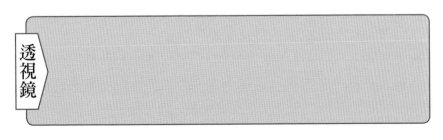

透視鏡

第九記

智力限制學習的小學生
—— 設定適性學習

　　智力限制的學生學習上較為有限，在學習階段便應該為其訂定適合學習的目標。在法規上也要求教師要為學生量身訂做他的個別化教育內容，以避免要求他與大家學習一樣的內容時，反而造成他在課堂中「浪費時間」的不公平待遇。

一　情境

　　小I就讀2年級，經診斷為中度偏輕度智能障礙學生，學習能力受到限制，學校所屬教育主管機關「特殊教育學生鑑定及就學輔導會」在家長的期待下將其安置在普通班，希望他仍有機會與一般學生充分互動。但由於學習能力有限，不能參與認知課程太深的學習活動，融入課程的情況不佳。小I需要有一個適合的課程形式。

二　對話

(一) 損及學生學習權益的對話

▶ I母：「老師，可不可以幫小I出些他學得來的作業？」

▶ 普通班林老師：「小I程度有限，出了作業也沒有意義。媽媽是否考慮讓小I到特教班去上課？那邊不用上太難的課程，他可以在那裡學到東西。」

▶ I母：「老師，我還是希望他跟一般同儕多一點互動，請老師出簡單一點的作業讓小I可以完成。」

▶ 林老師：「小I學習能力太受限了，他如果要在普通班上課，為了照顧他會干擾其他同學的進度，所以老師無法為他特別出

作業。」「小I應該上特教班，才有機會創造他與其他同學『雙贏』的局面。」

　　顯然小I在林老師的態度之下難以適性學習，而且林老師這樣的應答存在「不當批判」的態度，已經違反了CRPD（The Convention on the Rights of Persons with Disabilities，身心障礙者權利公約）條例（見第二十一記）。

(二) 維護學習權益的對話

- 普通班林老師：「小I學習能力太受限了，他不應該在普通班上課，老師為了照顧他會干擾其他同學的進度。」「小I應該上特教班，才有機會創造他與其他同學『雙贏』的局面。」
- 陳校長：「融合教育精神下，每一位孩子均有權利要求與其他一般同儕互動。」
- 林老師：「那小I學不到東西我不負責。」
- 陳校長：「教師應該為所教導的每位學生進行適當學習內容的設計與教導。」

三　知識點

(一) 智能障礙學生

　　指個人之智能發展較同年齡者明顯遲緩，且在學習及生活適應能力表現上有顯著困難者，其鑑定基準如下（身心障礙及資賦優異學生鑑定標準，2013）：

1. 心智功能明顯低下或個別智力測驗結果未達平均數負二個標準差。
2. 學生在生活自理、動作與行動能力、語言與溝通、社會人際與情緒行為等任一向度及學科（領域）學習之表現，較同年齡者有顯著困難情形。

對智能障礙學生的鑑定必須從二個向度評估，一為智力程度，二為適應能力。

智能障礙學生因為學習能力限制，教師不會要求與一般生一樣的學習標準，會予以課程及評量的調整，以便學生有學習成長的機會。亦即，受限於學習限制，特殊教育學生將藉由各種調整維護學習權益，並以個別化計畫明訂學習內容（見第十一記）。學習調整例如因為學習的文字量與一般學生不一樣，所以安排學習高頻字。而評量調整可能包括以口述代替書面呈現題目、試題簡化、題型與題項調整等。

透視鏡 高頻字

高頻字指常見的字。若是認字能力較有限的學生，在學習字詞時建議以學習高頻字為優先。一來應用的機會較高，二來學生較有機會隨機複習而較不易忘記。教育部有公布統計字頻表供教學與學習者參考，該統計字頻表共含五千多個字，前十個高頻字依序為：的、一、是、了、不、我、有、在、人、來。

(二) 智力與智力測驗

中古時代對人類在智力表現具有高低現象並未關注，直至法國Binet及Simon二位心理學家在1905年編製比西量表（Binet-Simon Scale）成為全世界第一個智力測驗（陳永進和魯雲林，2019），也引發了更多對智力內涵的探究及更多量表的發展，而在第一次世界大戰時為了適性區分士兵的工作任務，發展了更多性向測驗工具進行測試。

其他在智力的探究上較有名的如斯皮爾曼（Spearman）二因論（two-factor theory of intelligence），將人的智力分為普通因素及特殊因素；卡特爾（Cattell）二因論將人的智力分為流體智力及晶體智力，前者主要受遺傳影響，後者主要受後天學習影響；魏氏智力量表則

是當今國際間運用最多的個別智力測驗之一，臺灣目前在鑑定特殊教育學生時，包括資賦優異學生、智能障礙學生、學習障礙學生等，多會以其為衡鑑認知功能的工具之一。魏氏智力量表均由美國Wechsler團隊編製，NCS Pearson公司出版，臺灣則由陳心怡等教授修訂，中國行為科學社出版，量表分為三個年齡階段（中國行為科學社，2022）：

1. **魏氏幼兒智力量表**（Wechsler Preschool and Primary Scale of Intelligence, WPPSI）：目前出版至第四版，分二個年段施測：(1)適用2歲6個月至3歲11個月，可取得受測者之全量表智商（Full Scale Intelligence Quotient, FSIQ）及三項主要指數分數；(2)適用4歲至7歲11個月，可取得受測者之全量表智商（FSIQ）及五項主要指數分數。
2. **魏氏兒童智力量表**（Wechsler Intelligence Scale for Children, WISC）：適用6歲0個月至16歲11個月，第五版可取得受測者之全量表智商（FSIQ）及五項主要指數分數。
3. **魏氏成人智力量表**（Wechsler Adult Intelligence Scale, WAIS）：適用16歲0個月至90歲11個月，第四版可取得受測者之全量表智商（FSIQ）及四項組合分數。

(三) 工作分析（task analysis）

　　工作分析的論點來自行為主義學派理論，是將一連串的動作分出一個、一個具體的步驟。或將學習內容分割為數個小步驟，讓學生依據步驟循序漸進精緻地學習，如此可提升工作過程的準確度，也可提高作業或成果的品質，並可因此而增加學生的信心與成就感。例如洗手口訣即是將洗手過程做工作分析後，分為七個步驟：(1)內、(2)外、(3)夾、(4)弓、(5)大、(6)力、(7)腕。

　　對於操作任務混亂，作品品質不佳、常常粗心、或智力受限未能準確抓取一連串動作訊息的學生，以工作分析進行指導為相當適合的策略。

四　課程／活動設計

　　字詞的學習成果影響學生課文知識的吸收，也影響其在未來認字或學習各科知識的速度。如果字詞量低則應先了解學生的學習問題後，嘗試提高學習成果。

(一) 文字解體大拼搏 —— 部件分析（cue表1-1）

　　視知覺越好則相似字辨識狀況佳，有助於閱讀正確性及閱讀速度。閱讀時難以正確辨認字詞時，可做視知覺訓練（見第三記），也可以做部件分析訓練，即：把一個字拆開幾個部分學習，相似字也可以用紅筆加強差異部件之印象做比較學習。如「地」＝土＋也；「他」＝亻＋也，找出相同的及不同的部件（cue表1-1部件分析、相似字辨別訓練）。可以如表3-5列出一些字，讓學生對照每個字注音並勾選其部件；也可以準備很多字卡讓學生分組拆字，並進行口述及造詞；或做如下「老師說」遊戲，步驟如下：

1. 以小卡片做成各個字卡，指示有越多部件的字越好。每組5人，討論分配後每人製作6張字卡（可以限定在本學期國文課本內的生詞），則各組共有30張字卡。
2. 各組輪流派組員出題，例如「老師說，把有『人』部件的字拿出來。」
3. 各組組員輪流拿出含有該部件的字，並讀出該字及說出該字包括哪些部件，或可加入造詞及解釋等，也可設計由其他組優先搶答解釋。

表3-5　文字解體大拼搏

部件	仔	搓	拼	賣	宇	併	寶	汙	賞	傞	籽
人	✓					✓				✓	
子	✓										✓
于					✓			✓			
手		✓	✓								
貝				✓			✓		✓		
差		✓								✓	

(二)左上加點點 ── 鏡像字調整

在字的表現上，不少幼童寫字常左右上下顛倒，即為「鏡像字」。這樣的歷程常是幼童左右手利尚未成熟，引起方向感的混亂，若沒有處理會出現幾種情形：(1)在學童稍長時，左右手成熟後問題即自然消失能穩定表現；(2)在長大後仍常出現此情形，但僅止於鏡像字；(3)鏡像字的表現會擴大到字序的問題，例如「眼睛」讀成「睛眼」，「視知覺」讀成「視覺知」，即閱讀障礙的典型表現之一。

在學字時若出現此情形，可以加入視知覺線索的強化。表3-6即為可用的方法：書寫時，在寫完字後可能出現的鏡像部件左上角增加劃一個紅色的點，待穩定後則可免除此一動作。同一個字若可能出現二個鏡像部件，則點二個紅點。

表3-6 左上加點點

左	子	陳	少	練	心	思	才
左上	左上	左上	左及上難分，故標於落筆點	左及上難分，故標於落筆點	左及上難分，故標於落筆點	田對稱，故標心之左上	十對稱，故標於左撇末處（如果是勾反邊，則在勾末加點）

點位置（第一欄標題，直寫）

註：點點以紅色筆註記（即表中黑點），以增加視知覺輔助功能。

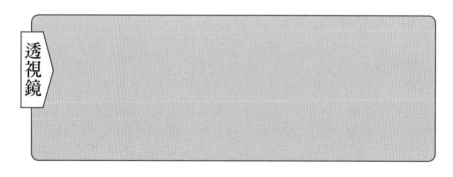

透視鏡

後 記

課綱元素
—— 閱讀素養

一 閱讀素養提升對話檢視

針對本課各記案例中之對話，檢視負向元素及正向元素。

表3-7 閱讀素養提升對話檢視

負向元素		正向元素	
□7.不耐煩的語氣	□7.以自己的角度解讀學生學習狀況	○7.詞意理解確認	○7.分層確認閱讀問題
□8.造成學生不在乎態度	□8.不懂跳過未確實學習	○8.評估是字、詞、或段落的閱讀問題	○8.教導覺察問題方法
□9.犧牲部分學習權益	□9.學生自負學習不佳之後果	○9.維持每位學生的權益	○9.先掌握學習狀態與問題

*檢視勾選與學生互動對話的元素。
*□為以具有負向的訊息進行溝通，○為能適當運用正向訊息進行溝通。
*各項之數字為在各記案例中的對話，讀者可對照案例情境以掌握其意義。

二 閱讀素養課綱元素

(一) 素養考題

素養是在真實情境下可以運用的能力，以知識為核心不分科目的把所學到的知識融合活用，以解決真實生活中遇到的問題。有了知識為底，學得技能與態度即核心素養，具有核心素養後未來生活中即使社會

環境變化，學到的知識仍然可以作用，仍具有判斷及解決問題的能力，例如知識判讀能力、邏輯推理能力、實驗設計能力、問題解決能力等。新課綱的教育走向會活用知識才是學習的目的，期待「書呆子」將大為減少。

> **透視鏡**
>
> ### 死讀書的別名
>
> 　　兩腳書廚、書呆子、考試機器等，指只會背知識，不會靈活運用知識，甚至不會靈活生活的學習者。國教課綱希望去除學習只是背知識，而不會運用的學習態度與成果。

　　為了解學生核心素養學習成果，國教課程以核心素養能力為評量主軸，這個方向乃從小學課程評量至大學入學考試均全面實施，因而如今各級學校平時也以素養為題材進行教導與評量。核心素養考題乃以情境為素材，為了描述情境需要文字的協助，為了有完整的敘述，需要大量的文字題幹。在解核心素養考題過程中，學生可能會被某一個專有名詞卡住而無法往下解題，影響學生理解全文以及讀題的順暢度。因此平時在閱讀時或生活情境中，即要蒐集認識各種名詞並做整理，即累積知識。很多時候命題若在綱本之外的知識，會在試題後作註記解釋，但如此已讓考生花費不少時間在讀題認識名詞，占據解題時間。這樣的情形不只發生在國文，也發生在各個科目。在國教課程中閱讀成為關鍵能力，也成為十九項議題教育之一。因應教育議題需求，許多學校會將之列為學校特色課程或選修課程。例如臺北市東湖國小訂定「深耕閱讀，書香東湖」為學校特色課程。整體而言，素養考題具有幾個特徵：

1. 試題素材情境化：試題素材與生活情境或事件結合。
2. 著重高層次認知能力：如第七記中Bloom所提認知學習層次的分析、綜合、評鑑的能力。
3. 評量認知層次及表達說明能力：要能夠合理分析解釋，以表述個人答案。並且不一定存有標準答案，也不一定只有一個適當答案。表達能

力部分將在下一課做探討。

4. 跨單元／跨領域／跨學科的主題式試題設問：解題時主要運用從課綱學到的知識，加上試題中提供的知識訊息，綜合發展出個人的解答。

(二) 身心障礙特殊需求課程

　　為了因應常態分布中每位學生的學習需求，國教課程頒布了《身心障礙相關之特殊需求領域課程綱要》（教育部，2019），規劃身心障礙學生學習之個別需求，實施其中所訂之支持性課程，包括：生活管理、社會技巧、學習策略、職業教育、溝通訓練、點字、定向行動、功能性動作訓練、輔助科技應用，共九個科目。

透視鏡

第四課

溝通互動

　　表達是學習、生活、人際等各面向適應的關鍵能力，在大學入學甄試、應徵工作時也會影響入學、就職的機會，進入職場或學習過程也常常有口述報告的任務。訓練學生與人溝通互動的表達為重要的學習課題，成為國教課程重要的培育能力，其中表達包括口語及書寫。

　　本課從口語應對、口述能力及書寫表現的各個面向，了解學生學習受限的元素，以設計適合的課程。

第十記

簡答應對的國中生
── 眞誠地引導

那年我剛從臺灣師範大學畢業，成為教育界的新鮮人，一位母親跟我抱怨：「老師都只關注二群學生，一群是功課好的學生，一群是調皮搗蛋的學生，像我的孩子不吵不鬧成績普普的學生總是被晾在那裡！」這個聲音影響著我的教育生涯，引以為戒。

一 情境

課程諮詢時間老師安排小組談話，今天的主題是：「我在新課綱的學習準備」，希望藉由同學間的分享，建立更積極的學習態度。小J左手肢體障礙，帶著鴨舌帽子頭低低地不講話，老師問他問題都只是微微地點頭，顯然也受到過去經驗及身體限制而影響其自信心。小J的導師說小J一向如此，在學校幾乎不開口，也沒有什麼朋友。總是以搖頭或點頭回應，偶而會以簡答應對，但回應聲音極小，常依賴對談者猜測。

二 對話

(一) 無意義的對話
▶ 林老師見小J沒回應，於是說：「多想想，動動腦！」
▶ 小J：「……」

此對話對小J具有貶抑責備的味道，只會讓小J更膽怯、更內向、更不語。

(二)增強的對話

- 陳老師態度溫和，當學生小聲回應時，陳老師抓取其中可取處予以稱讚：「這對同學真是很棒的範例，大家覺得好不好，來鼓掌一下。」小J感受到陳老師的接納與關懷，此時見到小J的表達比平時多了許多。
- 再針對小J音量過小聲的特質處理：「講得真是太棒了，但是那個角落的同學好像沒有聽到。」
- 陳老師指著角落那群同學說：「你們有聽到嗎？」「沒有！」
- 「想不想跟小J學呀！」「想！」
- 「來，小J，講大聲一點，讓那邊的同學也可以學到。」

　　課程後，小J的導師跟我說，她第一次聽到小J講這麼多話、這麼大聲。

　　學生小聲回應通常可能受到自信心影響。當學生對情境不認同、沒安全感或自卑時，會更明顯內向不語。無自信的學生很需要受到肯定，而且給予的肯定、鼓勵不是敷衍的，是自然的、真誠的。學生都很敏銳，能感受到他人是「真稱讚」還是「場面話」。

　　此外，對於小J的無自信應該更多關注，包括是否受限於身體因素，以及是否受同學戲弄、霸凌等，以便思考進一步輔導的必需性。

 **三　知識點**

(一)自然情境語言教學法（milieu teaching）

　　自然情境語言教學法要掌握日常生活中自然的機會訓練學生語言溝通，引導學生提升溝通的動機及能力。教學原則如下（曹純瓊，2001；Dubin, Lieberman-Betz, Ayres, & Zawoyski, 2020）：

1. **掌握學習動機**：以學生有興趣的話題為訓練內容。首先關注學生語言前的表現，如眼神、手勢動作等，把握學生與他人溝通的動機。
2. **隨機教學**：在自然發生的生活環境中，只要有訓練的機會，則隨時因

應學生在環境中的表現介入短暫教學。由學生的興趣與動機決定訓練內容、目標、時機與時間的長短，如果學生有興趣，則以較長的時間訓練，如果學生興趣低沉，則先暫停訓練，否則無效，等於浪費時間。

3. 不限定介入者：與學生有機會溝通的任何人，都可以成為語言訓練者，如家長、教師、同儕等。

4. 適時安排情境：在過程中故意製造一些情境，讓學生產生好奇而有表達或表現的動機。其中可用的策略包括：讓學生看得到，卻得不到他有興趣的事物；提供他不正確或不完整的事物；提供他選擇物品的機會；呈現需要他人協助才能完成或獲得的事物；製造幽默或出乎學生意料之外的事物或情境；輪到學生應得到事物，卻漏掉未給；在過程中教導者延遲發言，以促使學生必須開口的意圖。

5. 提示（prompt）：在學生有意圖表達卻不順利時，教學者適時提供少量到多量的提示，引發學生表達學習機會。並且適時提供語言示範，引導學生學習適當的語言。

對於如小J等具有語言溝通障礙的學生，在感受他的溝通意圖時便因應他的狀態予以訓練。

(二) 選擇性緘默症（selective mutism）

選擇性緘默症患者有正常說話與語言理解能力，但在特定情境下卻因為心理因素無法以言語表達。大部分發生在兒童，也有少部分發生在成人。他們可能會認定說話是危險的，而常以點頭、手勢進行溝通。發生原因多來自社交焦慮、害怕或不知所措的情境，有時較難找出明確具體的原因。選擇性緘默對學習的影響相當大，如果能及早發現徵狀且及時介入，會使問題較不複雜，治療效果也較快且有效。了解導致焦慮或問題的原因，再安排適當適時的心理治療，效益方能顯著（McDaniel，2021）。與選擇性緘默症患者應對時，應該注意（張旭凱，2022）：

1. 不要予以過多關注：無論是善意的或惡意的，焦點在他身上會引起他更多的焦慮，若以強迫方式要求患者說話，將因為受到更多關注形成更大的壓力，而使其緘默更為惡化。

2. 以自然的態度面對其開口說話：如果患者開口說話不要過度反應，否則會使他出現壓力而退縮回到不開口的狀態，以平常心應對即可，當下也莫要繼續說。

3. 以自然的狀態與之互動：不要將選擇性緘默的孩子當作不存在或忽略他，設計自然的狀態與其互動參與活動，他仍有交友的需求，希望與他人互動，因此不應因為他沒有話語就跳過他的表現機會。

　　選擇性緘默症的孩子不是不想說話、也不是沒有能力說話，而是說不出來，不要放棄他，在獲得適時協助時他痊癒的可能會更大、更快。對於內向害羞的學生，如本記小J雖然尚未嚴重到選擇性緘默症的狀態，但仍然應維持前述的處理原則。

(三) 繪本（picture book）

　　繪本是溝通訓練的良好工具之一，一本有圖畫的書可分為二類，一為有插畫的故事書，二為繪本。繪本又可約略分為兩類，一是全由圖畫構成的繪本，二是加入少量文字的繪本。如果把書內的文字全部拿掉，只讀圖像可以解讀整本書的故事內容，就可稱作繪本。在洞穴發現的原始時代壁畫、動物骨頭上的甲骨文和圖騰等，都可以說是繪本。

　　繪本是兒童早期教育的最佳讀本，藉由與兒童的充分語言互動，可激發兒童視覺、聽覺等接收力，以及擴大兒童的想像空間，兒童藉由觀察圖畫的細節部位、推敲探究圖文的關係，捕捉推論繪本所要傳遞的知識和訊息，對兒童的語言能力、邏輯思維能力、審美能力和創造力等可以有相當的啟發。另可以藉由繪本引導兒童描述檢視內在的想法或壓力，作為輔導的工具。繪本具有的價值至少有幾項，一為透過淺顯的故事闡述兒童平時難以理解的、較為深遠的內涵；二為從美學的角度，繪本以精美的圖畫呈現視覺上的享受，三為圖畫與文字相輔相成具有獨特的藝術性（周慧儀，2017；鄒小麗、範雪貞和王林發，2018）。然而

更大的孩子則傾向轉為，或必須同時，培養以文字為主的閱讀，否則若因為喜歡繪本閱讀而不習慣文字閱讀，將限制其閱讀素養的發展。

四 課程／活動設計

(一) 輪流代言 —— 合作學習

以異質性組員分組，每組內有口語表達能力強、外向的學生，及內向少語的學生。例如班上分四組，每組4位成員進行分組查閱資料並記錄「北極光的特色」。然後各組輪流對全班發言，組內成員亦需輪流發言，每次描述一項特色，並簡單說明該特色。因此四輪後班上每位同學均會回答一次，每個成員回答時全班同學要鼓掌說「OO回答得好棒棒！」。

在學生熟練一陣子後或較大的學生可以安排加碼活動，例如在同學回應後，其他組同學說：「OO回答得好棒，但是如果加入OO（增加敘說補充資料）就更棒棒了。」如此，增加分析及查閱資料的活動。

此種課程形式即是學生合作學習的一種，可以讓原本內向害羞的學生因為團隊任務而發言，並在同學的鼓掌肯定中得到自信。如果遇到選擇性緘默傾向的學生，則允許學生拿著字板或只以小聲的口形回應，不應過度勉強要他大聲口述。

表4-1　小組輪流代言冊 —— 北極光（範例）

	組員1	組員2	組員3	組員4
第1組	太陽風	帶狀	極北國家	夜晚
第2組	天氣	挪威	極光指數	冰島
第3組	螢光綠	氧氣	氮氣	晴朗無雲
第4組	釋放能量	光害	極光帶	芬蘭

(二) 你在剝奪學生的學習嗎？

　　師長在與學生互動時，常因為心理的態度而影響學生學習的機會。例如師長會覺得學生能力不佳或評論「他答不出來」，於是幫學生回答問題，而搶了學生思考學習的時間。或者師長有先入為主的態度，認為學生不願意學習，使學生不能融入課程或影響其學習的意向等。以至於學生也傾向認為師長會直接說答案，自己不用回答，久而久之學生成為不習慣思考的被動學習者。師長與學生的互動模式已是在剝奪學生的學習機會。表4-2協助師長檢視是否剝奪了學生學習的機會，從不當期望、剝奪表現、打擊信心、施予壓力四項進行思考。

表4-2　檢視剝奪學生學習的機會

不當期望	剝奪表現	打擊信心	施予壓力
□給予過於簡單的學習內容	□一直講，沒確認學生吸收與否	□態度不信任	□要求限時回應
□心裡認為學生不行	□沒等待，就幫學生回答	□未適時給予讚許	□語氣強硬
□認為學生態度不佳	□未增強正向表現	□否定學生行為或想法	□總是與別人比較
□認為講了也是白講	□做錯時未糾正或調整學習內容	□負向評價，如：教都教不來	□單向約束，如：下次再錯試試看

註：檢視勾選與學生／子女對話時，存在的剝奪學習行為。

透視鏡

第十一記

口述凌亂的國小生
—— 表達技巧訓練

那位孩子的口語表達很不好，同儕總沒有耐心與他溝通，這樣的模式使他更焦慮，表達品質更差。口語是很重要的能力，智力、情緒等均可能影響學生口語的能力或表現狀態，如果是特殊教育學生，則可安排個別化的表達課程訓練。

一 情境

小二的小K講話時會出現凌亂跳躍的現象，他想到什麼就講什麼，一段話裡出現很多個主題、很多個概念，以及很多個問題，與人對談時也常不能針對問題回應。

二 對話

(一) 具歧視嫌疑的對話

▶ 林老師：「你為什麼沒有寫功課？」

▶ 小K：「同學打我，我要跟我媽媽講，媽媽叫我一定要吃飯，說我太瘦了！」

▶ 林老師：「老師在問你，為什麼沒有寫功課？」

▶ 小K：「上次有一個同學打我，我很生氣，他也打了別人。」

▶ 林老師：「怎麼講得顛三倒四的？這麼簡單的事，講都講不清楚。」

林老師此對話出現批評、輕視的語氣，且具有歧視的嫌疑。

(二) 無積極訓練的對話

▶ 林老師：「你為什麼沒有寫功課？」

▶ 小 K：「同學打我，我要跟我媽媽講，媽媽叫我一定要吃飯，說我太瘦了！」

▶ 林老師：「老師在問你，為什麼沒有寫功課？」

▶ 小 K：「上次有一個同學打我，我很生氣，他也打了別人。」

▶ 林老師：「講清楚，重講一遍！」

　　林老師最後請小 K 再講一次，這是引導學生整理思緒並提供再一次表達的機會。小 K 確實可以藉由重新組織的訓練，提升表達能力，是一個不錯的做法。但如此的訓練效益仍因為缺少具體的引導，而效果未最大化。

(三) 積極引導的對話

• 陳老師：「小 K，再講一次，說我因為怎麼，所以我沒有寫功課。」

• 小 K：「我因為同學打我，所以我沒有寫功課。」

• 陳老師：「嗯，老師知道了。你因為同學打你，所以心情怎樣？而沒有寫功課呢？」

• 小 K：「心情難過。」

• 陳老師：「嗯，老師知道了。再講一次。」

• 小 K：「我因為同學打我，所以……」

• 陳老師速度放慢同時引導小 K 口述：「我因為同學打我，所以心情怎樣？而怎樣？」

• 小 K：「我因為同學打我，所以心情不好而沒有寫功課。」

　　在此對話中，陳老師運用自然情境語言教學法（見第十記）訓練小 K 的語言表達能力，以示範及提示的策略訓練學生語言溝通。

三 知識點

(一) 語言障礙學生

指語言理解或語言表達能力與同年齡者相較，有顯著偏差或低落現象，造成溝通困難者。其鑑定基準包括（身心障礙及資賦優異學生鑑定標準，2013）：

1. **構音異常**：語音有省略、替代、添加、歪曲、聲調錯誤或含糊不清等現象。
2. **嗓音異常**：說話之音質、音調、音量或共鳴與個人之性別或年齡不相稱等現象。
3. **語暢異常**：說話節律有明顯且不自主之重複、延長、中斷、首語難發或急促不清等現象。
4. **語言發展異常**：語言之語形、語法、語意或語用異常，致語言理解或語言表達較同年齡者有顯著偏差或低落。

許多時候，語言溝通問題也受到其他障礙限制影響，如智能障礙、聽覺障礙、情緒行為障礙、自閉症等。若要鑑定為單純語言障礙者，則必須排除其是否存在主障礙的影響。除了障礙因素外，也可能是因為其他心理現象而導致口述凌亂。對談者應該了解其中原因，方能有更好的溝通對談狀況，以小K為例：

1. 小K其實知道沒寫作業是做錯事，所以他嘗試轉移話題，以避免責罰。
2. 小K在對話中作了一些連結，例如其實是要回答「同學打我」或「媽媽叫我吃飯」來回應「生氣所以沒寫作業」或「沒時間寫作業」。此時引導學生講述完整的句子，就是很好的語言訓練時機。

(二) 特殊教育

當前期待以光譜的角度來面對每一位學生，如此可以減少標籤作

用，即每一位學生都是光譜上的一個點，因此每一位學生都不是特殊生，但因為每一位學生均有其特殊之處，都應該被尊重及照顧，所以每一位學生也都是特殊生。這也是108課綱所指示「以每一位學生為中心」的教育精神，每一位學生都是個別的。只是若學生的教育需求太特殊影響到學習的順暢度，其所需支持系統因為少見，所以「專業」，則在教育與學習上便應該以特殊教育發展因應其需求的策略與技巧。特殊教育學生包括身心障礙學生及資賦優異學生。臺灣為使身心障礙及資賦優異之國民，均有接受適性教育之權利，充分發展身心潛能，培養健全人格，增進服務社會能力，於是頒定《特殊教育法》（特殊教育法，2018）。

(三) 個別化計畫

為了對每一位特殊教育學生量身訂定學習、教育或輔導內容，《特殊教育法》等法規規定，教師應為特殊教育學生訂定個別化計畫。目前有幾類：

1. 個別化教育計畫（individualized education plan, IEP）：運用在高級中學及以下的身心障礙學生。
2. 個別化支持計畫（individualized support plan, ISP）：運用在高等教育階段的身心障礙學生。
3. 個別化轉銜計畫（individualized transition plan, ITP）：運用在身心障礙學生或高關懷學生的教育階段間銜接教育或輔導計畫。
4. 個別化輔導計畫（individualized guidance plan, IGP）：運用在資賦優異學生的教育輔導計畫。

其中轉銜需求之高關懷學生未必是經鑑定的「特殊教育學生」，他們更需要的是積極的輔導介入，多由學校的諮商輔導組或輔導室主責規劃輔導措施（見第二十六記轉銜）。

四 課程／活動設計

　　口語表達的元素包括構音、言談內容及表情，這三者會成為他人與他溝通的意願及成效的關鍵，師長應評估學生的語言及溝通問題後進行訓練。構音訓練可參考第二十記內的活動。表情可找一些較明顯的表情影片，讓學生在其中體會喜怒哀樂等表情與動作，並可以攝錄自己的表情對照檢視。訓練時可以誇張一點增加印象及區別度，但若學生平時表現即過於誇張，則應予以提醒過於誇張的言行，可能會讓人覺得做作怪異。而其他關於言談內容的訓練，可以如下：

(一) 口語表達訓練

　　先評估學生的口語表現問題，方能設計適當的介入課程。口述凌亂或不佳的情形至少有幾個現象，包括：思想緩慢、思想跳躍等，並可能受到智力或情緒等影響，這些限制也可能進一步影響其書寫的能力（見第十二記作文能力訓練）：

1. 思想緩慢：因為個人特質溫和或思路緩慢而影響口語，應訓練學生提升動作速度或思考流暢度（見第十二記）。尤其遇見未曾經歷的事會導致學生的思想更為緩慢，因此可增加學生的生活觀點以及增加其生活經驗。
2. 思想跳躍：想到什麼就說什麼，可能連結的句子間不具關聯性或圍繞在同一個主題反覆糾結。當學生被其觀點影響時，表達便會出現不順或干擾的情形。例如小K這個回應有許多概念在裡面，包括：「同學打我」、「媽媽叫我吃飯」、「我很生氣」，這些可能是小K想用來回應為什麼不寫作業的行為。
3. 情緒干擾：學生可能受到個人無自信、焦慮、衝動而影響。如果平時表達能力已較弱的學生，在情緒干擾情況下表達將更為受限，則首先應協助學生管理情緒（見第十四記）。

　　各種情形均必須發展各自策略予以控制，以下為具體的策略：

1. 錄音輔助：提出一個主題，如一個生活問題或對一個社會事件的看法。請學生先口述並錄音，再請學生口述一次。

2. 具體的指引訓練：如果學生講述時有混亂的情形，可要求學生講述具體的元素，以訓練學生思考的廣度。例如自我介紹除了基本資料外，另外加上分享最得意的事，或講一個曾經歷的糗事等，也可以介紹身上衣著或周邊物品的來源及對它的情感等。

3. 聚焦談話：學生表達時，若出現敘述跳躍的情形時寫一個字卡，上面寫著正在描述或談論的主題。學生一離題時即指著該字卡，若學生因為看字卡而忘了講到哪裡時，對談者重複剛才學生講述的尾端詞，引導學生繼續表述。

4. 速度訓練：如果是個人較溫吞緩慢的個性而引起語言或動作太緩慢，則可以計時器訓練學生講話速度。或兩個人比賽把同一段短文唸完，再比較兩者時間的差異，讓學生感覺快慢的差別。也可自己將同樣段落的文章反覆唸讀，每次計時並記錄唸讀的時間，藉由自我回饋增進閱讀速度。如表4-3是口述閱讀速度訓練，請學生計時監控每次的閱讀及口述表現與時間。

表4-3　口述閱讀訓練

	第一次	第二次	第三次
花費時間			
讀錯			
多讀			
漏讀			

做法：1.找一段學生未曾讀過的500字左右文章；2.朗讀第一次並錄音；3.記錄花費時間，以及聽錄音檢視唸錯之處，包括讀錯、多讀、漏讀等，並在文章內記錄，若學生覺察能力不佳，則由他人協助評估指出讀錯情形；4.檢視與自我回饋；5.重複2至4的步驟，至少三次。

(二)口語文法訓練

學生若常常講述凌亂時，可以訓練學生依文法規則口述，包括：

1. 詞性構詞：檢視學生敘述事情時是否缺少重要詞彙。要求學生之後要講完整句，包括主詞＋動詞＋受詞（誰＋做什麼＋對誰）等。
2. 連接詞運用：如(1)和、或；(2)但是；(3)因為……所以；(4)……然後……。

如果以口語提示引導仍沒有順利時，可以把文句或連接詞書寫下來作具體訊息的文字指引。

透視鏡

第十二記

書寫限制的高中生
—— 書寫問題評估

　　那位學生在寫文章或報告時出現語焉不詳或邏輯問題，但我一評估即知道以傳統思維進行書寫問題的了解與訓練，並無法改進他的書寫問題。許多學生可能很會口說，但要書寫時卻甚至寫錯文字，這些都會影響書寫品質。

一　情境

　　小L從小書寫方面就出現很大的挫折，學習注音符號開始就頻繁地出現鏡像字，開始寫詞彙時則常常出現字詞序顛倒的情形，這些一再地被糾正，現在已經9年級了還是改不了。更大一點，因為電子產品的影響，與人文書溝通、交報告都是用鍵盤甚至以語音輸入，預期小L將因此更不喜歡以筆書寫。且常用的電子通訊或社群媒體都是以詞及短句子溝通對談，所以小L在作文能力並無法因為頻繁使用電子通訊而進步。

二　對話

(一) 對抗的對話
▶ 陳老師：「怎麼才寫幾個字？太混了哦！再多寫一點。」
▶ 小L：「……」

　　這樣的語氣出現批評的態度，如果以此態度處理學生的問題，將無法評估學生的問題，學生書寫能力進步的機會便很少。很多時候情緒與態度，是兩人能否良性溝通的關鍵。

(二) 責備的對話

▶ L母：「怎麼教，都教不來！教了幾年了，字還是都寫反了。跟你說右邊是拿筷子的那隻手，還是要想那麼久嗎？」

▶ 小L：「……」

顯然，小L左右手利的發展不順利，而母親這樣的對話只是責備，沒有給予策略，也更增添了孩子緊張混亂的情緒。

(三) 評估的對話

• 陳老師：「怎麼才寫幾個字？是太累嗎？還是不知道怎麼寫？」

• 小L：「我手不舒服……」

這樣的對話不會先否定學生的態度及能力，是先以同理了解學生可能出現的困難，以便有機會引導學生坦白他的問題。而所進行的評估是全面且專業的，方能適當評估也才能發展適當的策略。

三 知識點

(一) 腦側化

神經生理科學家探究腦部如何發展與發揮功能，指出大腦的不對稱性包括兩種：一是生理解剖上的不對稱性，一是功能上的不對稱性。大腦某些功能重在左半球，有些重在右半球，此即為大腦功能的偏側化，簡稱腦側化。左腦掌管邏輯、分析能力及問題解決，涉及語言、閱讀與寫字，它就像一部序列的處理機，可以追蹤時間與序列、能辨認單字、字母與數字；右腦掌管直覺與創意，從意象蒐集資訊，適用於類型的認定與空間的推理，較擅長於繪畫、數學，處理視覺訊息優於語言（張清濱2020; Costas, 1996）。但高層次的大腦功能，如抽象推理思維、邏輯分析等能力則需要腦部兩半球功能共同發揮。慣於左腦的女性多於男性，慣於右腦的男性多於女性。

透視鏡

左手利要調整嗎？

　　人天生有不同的慣用手，而形成左手利或右手利，其中左手利者約占人口的10%。左右手利與右左腦側化優勢並無直接關聯。過去對左手利者有許多誤解，稱左撇子是因為右手殘疾而只能使用左手，他們有較高比例的精神疾患、低智商，以及高犯罪率等，這些後來被證實是錯誤的（Costas, 1996）。另外，由於處在右手利的環境中有許多不便，而導致師長對左手利兒童常以外力強迫調整為使用右手。作者主張應讓兒童自然發展其慣用手，強迫調整容易耽誤其學習左右方向的辨認時機，並且容易導致兒童出現焦慮等情緒問題。

(二) 建構主義理論（Constructivism Theory）

　　建構主義理論是一個後起的認知發展學派論點，受到認知心理學家Piaget影響，主張個體是學習的中心：學習是基於個人對問題解決及學習者內在動機而進行。學習者需要一個反應良好的情境，在這個情境中學習者會是一位「積極的、自我調節的、能反思的學習者」（Seels, 1989）。學習不是像行為主義學派所描述的「刺激—反應」的過程，是每個學習者以自己原有的知識經驗為基礎，對新訊息重新認識和編碼以建構自己的理解。在這一過程中，學習者原有的知識經驗因為新知識經驗的進入而發生調整並改變，這過程同時包含兩方面的建構：一方面是對新訊息的建構，另一方面同時對原有經驗進行改造和重組，即Piaget所指出的同化（assimilation）與調適（accommodation）的學習建構過程。新興的建構主義更重視後一種調適的學習建構過程，關注個人如何以原有的經驗、心理結構和信念為基礎以建構知識（張清濱，2020；MBA智庫百科，2017；Wagoner, 2017）。

　　建構主義主張外在世界是客觀存在的，但是對於世界的理解和賦予

意義卻是由每個人自己詮釋決定的。由於每個人的經驗以及對經驗的信念不同，以至於對外部世界的理解迴異（Cooper, 1993）。為了知識的再建構歷程（reconstructive process），既有的基模便扮演著相當重要的角色（陳皎眉，2010）。亦即某些訊息對個人的意義不同於他人，以至於出現不一樣的基模，而影響每個人基模再建構的順暢度。建構主義取向並強調教學者應為學習者搭建學習鷹架（scaffolding），例如動態互動引導學生學習（張清濱，2020；羅素貞等譯，2020）。這些意味著有效的教學不能超越學生現有的能力水準，也不能低估學生的學習能力。在教導學生時一定得先評估學生的狀態，包括他可能的想法、他的學習基礎、學習限制等，才能訂定適當的學習目標、發展適當的教學技巧，並教給學生適當的內容。

(三) 學習歷程自述書寫

　　建制學習歷程檔案是十二年國民基本教育改革的新措施。一份好的學習歷程檔案，必須與個人「契合」，而整理資料及書寫則是學習歷程檔案品質的關鍵。有幾個要件一定要掌握：第一，如果現階段準備檔案的目的是升學，則準備時首先便需掌握高等教育端教授審查資料（見第二十四記）的觀點，據以出發才能「投其所好」；第二，它是很有個人特色的，不是制式的；第三，它的準備需要充分的時間，因此必須有計畫地及有邏輯地執行資料蒐集與整理工作（陳麗如，2021）。

　　就高中教育階段，學生從高一開始陸續累積各種學習資料，成為進入高等教育的檔案。每位學生的升學資料相當厚實且多元，因此大學端在選才時多要求學生要撰寫一份800字左右的「多元表現綜合整理心得」，或者是字數不限的「學習歷程自述」，所書寫的品質便成為分數關鍵所在。其撰寫可做如下思考：

1. 查閱各校系「審查重點與準備指引」，及進入目標校系網頁，了解目標校系期待甄選之人才特質，據此呼應撰寫個人已擁有條件。
2. 依挑選的多元表現項目撰寫：第一階段初試放榜確定目標校系後，挑選上傳多元表現內容，考生依挑選的多元表現項目撰寫「學習歷程自

述」。

3. 將上傳的項目間做統整連結：描述各資料間的一致性、脈絡性、系統性，以傳達出學生確實獲得成長的訊息，並可以標題做重點呈現。

4. 指出檔案內容與亮點：引導審查者快速閱讀檔案內涵與重點，可連結到個人特質、經歷和讀書計畫等。

5. 陳述作品的建制過程和學習方法，如計畫達成什麼目標，最後得到的收穫和對整個教育階段成長省思等。

四 課程／活動設計

(一) 書寫狀態檢視

書寫為從字到句到段落到文章，分為幾個層次。書寫不佳的原因有多種，應當從最基本的書寫層次評估，而後一一確定學生的書寫能力，包括字（見第十二記）、詞、句而至段落及文章：

1. 寫字：可能因為認字不多，或不願意動手寫。認字不多可能原因包括學習能力受限、視知覺問題、部件辨識不佳等，主要原因可能受到智力或學習障礙影響；而不願意動手寫可能因為學生覺得無聊、不好玩、沒耐心、不習慣書寫等。而寫字潦草也可能導致學生不喜歡書寫。

2. 寫詞彙：有時候能夠理解單字的意義，但幾個字合成一個詞可能出現引伸的別意。如果學生對於抽象理解有一定的困難，則他在學習抽象或隱喻詞彙時就容易受到原意的干擾。應鼓勵學生一遇到不理解之詞句時即刻記下，於事後理解其意義並整理成筆記，否則後續會出現更多詞彙運用的問題。

3. 寫句子：受到前述書寫字詞狀態的影響外，也受到二個因素影響，一為思路的流暢度，另一為文法及組織的認知能力。

4. 寫文章：即作文能力，受到寫句子的影響外，也受到二個因素影響，包括思考流暢度、邏輯組織能力等。這種能力常在自發性的書寫上受到限制，如作文、申論題、寫報告等。

以上評估後，可參考表4-4之策略進行訓練，其中思考流暢度見第十一記「速度訓練」及後述作文能力訓練。

表4-4 書寫狀態檢視

層次	現象	內涵	策略
字	☐認字有限 ☐鏡像字 ☐產字因難 ☐字跡潦草	字量認識不足 識知覺不佳 不習慣書寫 手部精細動作不佳	○部件分析 ○高頻字學習 ○視知覺訓練 ○左上加點點 ○增加手寫頻率 ○字規格訓練
詞句	☐詞彙量低 ☐詞意理解不佳 ☐抽象詞彙理解困難	字理解不足 理解力不足 學習不足 生活經驗不足	○詞意理解訓練 ○隱喻／抽象詞彙學習 ○豐富生活經驗 ○比對字面及隱喻意義
段落	☐句意理解不佳	詞句理解不足 詞彙量認識不足	○豐富生活經驗 ○先看影片再看文字
文章	☐描述紊亂 ☐作文不佳 ☐自發性書寫限制	思考流暢度 思考邏輯	○思考流暢度訓練 ○邏輯組織能力訓練 ○作文訓練

註：檢視書寫各層次的學習狀況後，發展因應的學習策略；「視知覺訓練」見第三記，「左上加點點」見第九記。

(二) 作文能力訓練

學生在作文、問答題的應答及報告和作業的品質不佳時，可以如下設計訓練：

1. 作文訓練：以傳統方法進行作文能力訓練，包括起承轉合、內涵組織及文章布局等。
2. 擴增生活的體驗：藉由生活事件的體驗增加思考流暢度。可以多討論個人對事件的觀察、感想、批評等，藉以提升個人的覺察，例如與學生討論新聞事件的情境、感受、問題等。
3. 錄音後寫文章：若學生口說比書寫好許多，可以請學生先口述並錄

音，而後將錄音內容謄成文字稿，邊謄邊修，藉此訓練學生思考、口說轉書寫的能力。

4.以關鍵字下筆：由第八記中關鍵字訓練著手，將主題進行關鍵字確認後，以關鍵字為中心進行書寫。例如「以至於一大堆文字對他的負荷相當大」中的關鍵字，設定在「文字」、「負荷」的關鍵字為中心延展書寫。可以從這二個詞為起始去思考對人、對時間、對空間、對物的意義等，去延伸描述。對於寫心得就一片空白的學生來說，如此可以成為一個很好的書寫切入點。

5.心智圖運用：運用心智圖技巧做文章架構的聯想與組織，之後進行文章撰寫（見第八記）。

6.書寫評量調整：如果存在明顯的問題，則要鑑定學習障礙或智能障礙等特殊教育需求學生的可能性，以便進一步以特殊教育的支持系統介入。若已鑑定為具有認字限制的特教學生，則建議學習高頻字即可；若已鑑定為具有書寫限制的特教學生，則建議向校方申請評量調整，可能包括以口試代替書寫應答、延長考試時間、以電腦作答等。

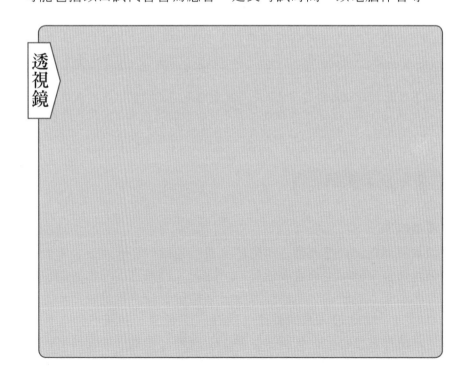

後 記

課綱元素
—— 溝通與表達訓練

一 溝通與表達提升對話檢視

針對本課各記案例中之對話，檢視負向元素及正向元素。

表4-5 溝通與表達提升對話檢視

負向元素		正向元素	
□10.指責貶抑語氣	□10.導致雙方負向溝通	○10.抓取可取之處稱讚	○10.接納與關懷的態度
□11.未評估溝通的問題所在	□11.未處理溝通的問題	○11.引導抓重點的表達	○11.掌握表達動機的訓練
□12.批評語氣	□12.只有否定詞彙	○12.運用同理心	○12.有層次的書寫能力評估

*檢視勾選與學生互動對話的元素。
*□為以具有負向的訊息進行溝通，○為能適當運用正向訊息進行溝通。
*各項之數字為在各記案例中的對話，讀者可對照案例情境以掌握其意義。

二 溝通互動課綱元素

(一) 表達能力

國教課綱指出表達為個人重要的素養，包括口語表達及書寫表達行為，這也是未來職場上很重要的能力。因此，師長必須勻出時間也關注學生的溝通與表達能力。總綱提及十二年國教課程「陶養生活知能」，指出目標在「能適切溝通與表達，重視人際包容、團隊合作、社會互動，以適應社會生活。」「溝通互動」並為核心素養三大面向之一個面

向（教育部，2014）。許多學校會將溝通列為校定課程。如花蓮海生高中於校訂必修的生命教育課程中，開設「善意溝通課程」。

而《身心障礙相關之特殊需求領域課程綱要》亦將溝通訓練列為其中一個學習重點。如果是因智力等受限的學生，其認字及學習學科知識較為辛苦，則未必要求他一定得學多少生字或多會寫作文，而是更強調具功能的口語表達，溝通表達會成為其學習的重要向度。

(二) 跨域學習與合作學習

國教課綱指出好的學習課題源自於真實世界，而真實世界無法把任何事定義在一個學習科目內，於是必須透過跨領域／科目的學習，來整合多方面的知識、態度與能力（黃儒傑，2020）。

團隊合作是現代競爭性就業的生產模式，以致除了閱讀素養、數學素養及科學素養之外，PISA（Programme for International Student Assessment，國際學生能力評量）於2015年新增評量考生合作式解決問題（臺灣PISA國家研究中心，2020），與我國國教課程中核心素養所強調的「跨領域統整學習、溝通互動合作解決問題」有共同的期待。合作學習成為國教課程中不可忽視的課程形式（陳麗如，2021）。跨領域學習意涵本身，並不強調單一的學科知識或各說各話，而是必須對話學習。因此，跨領域課程在執行上有兩項特質，一是強調以通識為基礎的專業，二是強調民主式參與的合作程式（媒體素養教育資源網，2022）。所以，溝通能力在團隊中更為關鍵，也是國教課程中每一科目都應設定的潛在培育目標。

透視鏡

第五課

社會參與

　　影響一個人社會參與的因素有許多，包括因為各種因素而出現情緒問題、人際互動不良等。個人若不能適當管理情緒與發展人際應對技巧，將導致校園適應不良，影響團隊合作的執行，離校後也可能觸及社會規範，社會參與為國教課綱關注的核心素養。好的情緒與人際互動行為表現是團隊合作的關鍵，也影響著學生未來生涯發展。

　　本課從情緒及人際社會面向討論學生社會參與的教養元素，以思覺失調症的輔導、情緒管理，以及人際社會問題為例，描述如何以後設認知、同理心、提醒卡等技巧進行學生社會參與的教導。

第十三記

思覺失調症的高中生
—— 接納與引導

有一次我受邀到一個學校帶活動，其中一位學生患有思覺失調病症（前稱「人格分裂症」），常常因為一個念頭就出現嚴重焦慮，接著出現幻聽、幻覺。老師們原本擔心活動會一再被打斷，結果並非如此。

一　情境

小M常會與幻覺對象對話，出現自言自語情形。這天他與幾位同學在走廊等著活動時，突然很焦慮地問同行的同學：「剛才有沒有一個高個子的女生經過，然後要把我的手綁起來？」同學回應沒有，小M不相信仍再確認，並且不管同學們後來已經不耐煩、不予以回應了，小M仍反覆不斷地對每位同學問著同一個問題。

二　對話

(一) 破壞性對話 —— 交錯溝通

活動要開始了，小M進教室第一句話就很焦慮地問林老師。

▶ 小M：「老師，剛才我在走廊時有沒有一個高個子的女生經過，然後要把我的手綁起來？」

▶ 林老師：「別再說了，你又再幻想了！」

不管對談對象是否為思覺失調症者，當一開始就否定對方的想法時，均不是一個恰當的平行溝通模式，而當一昧地阻止對方時，又將出現不良的抑制模式。學生內心掙扎的想法未處理時，仍會一直糾結在同

一個思考上而無法從事任務。

(二) 接納性對話 —— 互補溝通

- 陳老師：「哦，這樣啊！」「老師幫你問問其他同學。」這個動作展現同理的情緒，讓小M感受到老師理解他的擔心，與他站在同一陣線。
- 陳老師在小M面前向可驗證的同學確認：「小美、小明，你們剛才有看到一位高個子的女生經過啊！？」
- 同學回應：「沒有」，「我們都沒有看到。」請同學再次明確大聲地回應小M說沒有。
- 陳老師告訴小M：「你是不是太緊張啊？這樣就可能會想錯了。」
- 當小M同意這樣的狀況時，他的情緒已經明顯穩定。此時陳老師請小M複述一次並即刻寫在紙上：「都是因為我太緊張引起的幻想，並沒有一位女生要把我綁起來。」
- 並跟小M說：「等一下如果不確定時，看你寫的字條，這樣小M就可以認真上課囉！」

那時之後小M想再向陳老師詢問那位高個子女生，陳老師便指著小M眼前的字條。小M看了一下字條沒有問題，之後他又陸續看了幾次，但是非常順利地參與完課程。

三　知識點

當一個人反覆在一件事情上糾結時，便容易干擾他學習的專注力及生活程序的適當性，其語言也會出現第十二記小L的現象。為了使他能夠回到學習任務上，便需要協助他釐清思路，書面化便是一個很好的方法。當潛意識或前意識意識化，從受限的、隱喻的、調整到實務的機制，才有機會成為後設認知策略去管理自己的情緒及行為（Cleeremans, 2014）。

(一) 情緒行為障礙學生

　　根據《身心障礙及資賦優異學生鑑定辦法》（2013）的定義，情緒行為障礙學生指長期情緒或行為表現顯著異常，嚴重影響學校適應者；其障礙非因智能、感官或健康等因素直接造成之結果，包括精神性疾患、情感性疾患、畏懼性疾患、焦慮性疾患、注意力缺陷過動症、或有其他持續性之情緒或行為問題者。其鑑定基準如下：

1. 情緒或行為表現顯著異於其同年齡或社會文化之常態者，得參考精神科醫師之診斷認定之。
2. 除學校外，在家庭、社區、社會或任一情境中顯現適應困難。
3. 在學業、社會、人際、生活等適應有顯著困難，且經評估後確定一般教育所提供之介入，仍難獲得有效改善。

　　思覺失調症的患者在特殊教育學生類別中，即是屬於情緒行為障礙中的精神性疾患。思覺失調症患者具有幻聽、幻覺的現象，為了對幻聽、幻覺對象反應，患者的生活及對話常常會有自言自語或混亂跳躍的情形。在照顧上便首先需要訓練患者具有病識感，接納自己是生病了，以及進一步能發展分辨幻覺訊息及現實訊息的能力，方得以發揮適切的生活或學習狀態（即知命、安命、造命，見第十九記）。其中若患者無法分辨幻聽訊息，則可以錄音再回聽，若可以再聽到即是現實訊息，若無法再聽到即是幻覺訊息。這樣反覆練習後，其幻聽與現實的分辨能力便能提高，也才能提升溝通能力及生活品質。

(二) Berne的PAC人格結構理論

　　PAC人格結構理論，又稱為交互作用分析理論（transactional analysis, TA）、人格結構分析理論、人際關係心理分析、自我狀態模式（ego-state model），由加拿大心理學家Berne於1850年代提出。Berne指出一個人的個性，或說「自我」（ego）是由三種心理狀態構成，即父母（parent）、成人（adult）與兒童（child），這三種狀態在每個人身上交互存在著，其性格屬性也會反映在個人的說話應對與人

際互動上。使他在面對不同情況時，在行為表現、思想方式、態度上，產生不同溝通對談方式（Netrawati, Yusuf, & Rusmana, 2016）：

1. P—父母型的溝通：以權威者出現，又分為：(1)關懷型父母：會關心個人在生活的行為或情緒。例如察覺有人臉色蒼白而予以關懷；(2)控制型父母：告訴對方應該怎麼做、避免做哪些事情。例如看到對方吃垃圾食物就對他說其中的壞處，希望對方接受勸說。
2. A—成人型的溝通：評估資訊後就事論事，以理性、有組織地進行溝通。常以「我認為……」、「你應該要……」為話語。
3. C—兒童型的溝通，又分為：(1)自由型兒童：表現快樂純真，常常是團體內的開心果；(2)叛逆型兒童：表現無理取鬧、任性的行為特質。

　　每個人面對不同情境與對談者時，三種心態的比重不相同，形成不同的行為模式。根據PAC理論，許多時候語言攻擊或二方爭執衝突也可以從不當的溝通模式進行分析（Netrawati, Yusuf, & Rusmana, 2016）。一般溝通模式主要有三種：

1. 互補溝通（complementary transactions），又稱平行溝通。如圖5-1第一組，甲以父母對兒童的訊息對乙說話，乙以兒童對父母的訊息回應對方，二者溝通直接明確。這種溝通互動的模式使兩方不會出現衝突，而能持續良性地溝通，如本記的第二組對話陳老師與小M的溝通狀況。
2. 交錯溝通（crossed transactions），又稱交叉溝通，屬於退縮、逃避或破壞式的溝通方式，會阻撓持續良性溝通。如圖5-1第二組，甲以兒童對父母的訊息對乙說話，乙以成人對成人的訊息回應對方。如本記的第一組對話林老師與小M的溝通狀況。
3. 曖昧溝通（ulterior transactions），又稱隱藏溝通，表面存在一種溝通，其實卻暗藏著另一種意思的溝通模式。這樣的溝通可能呈現勾心鬥角的不良型態，如圖5-1第三組對話。

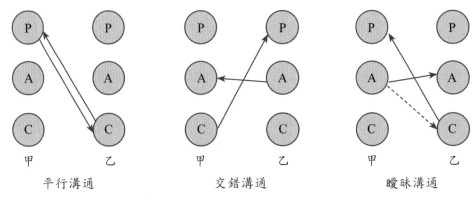

平行溝通　　　　　　交錯溝通　　　　　　曖昧溝通

圖5-1 P-A-C溝通模式

(三)融合教育（inclusion education）

　　為爭取受教育權益，近幾十年來相關團體推動各種特殊教育運動而發展形成融合教育，即將特殊教育學生安置於與一般學生一起的學習環境。這些運動有幾個基本假設：(1)標記帶給學生一定程度的傷害；(2)隔離式的特殊教育是無效的；(3)障礙者被視為少數團體，而他們的某些權益受到忽略（陳麗如，2004）。

　　對於特殊教育學生在普通班級中的融合教育，教師應提供學生必要的支援服務，並協助學生個別化的課程調整，以確保學生在課業、行為和社會的成長與進步。融合教育需要各種條件配合，包括教師、政策、行政等，否則將犧牲特殊教育學生的學習權益。

四 課程／活動設計

(一)一二三木頭人──意識化訓練

　　以精神分析理論（psychoanalysis）（見第十四記）的核心論點，意識化可以將潛在的、內心模糊的想法帶出檯面，可以對自己的狀態更清楚，有助於管理自己的情緒與行為，也有助於後設認知能力的發展。例如準備進行口述報告時很緊張，先對大家坦白。如此一來可能因為心裡認為能得到大家的諒解，也可能因為將潛在的壓力釋放出來較輕鬆，而能有最佳的表現。

一二三木頭人的活動：在今天裡，每經歷完一個事件後先暫停一下，或每隔半小時暫停一下，把所有在想及在做的事情，或情緒說出來。例句類型：我現在正在××，這樣××，所以我要××，以便我能××……。範例：

1. 我現在正在吃午餐，先來吃一口牛肉，這牛肉太鹹了，老師說這樣對身體不好，所以我要請媽媽下次少放點鹽巴，以便我能成為一位健康寶寶。
2. 我現在正在喝飲料，這一杯飲料花了我80元，實在有點貴，這下子我這星期應該無法存到錢，所以我下次花錢前要先想一下，以便快點存到買手機的錢。
3. 我現在感到很煩躁所以無法專心寫作業，我要把心靜下來，不要一直想著線上遊戲，那個打勝魔獸又如何？我要儘快完成有品質的作業，不但今天可以早點睡覺，而且會覺得很得意。

另外，可以用半天的時間做班級或家庭活動，當遇到對方時說「一二三木頭人，你的『心情』是如何？」對方依以回應，再互換角色提問及回應，其中「心情」可以替換為「動作」、「位置」、「姿勢」、「呼吸」、「想法」、「專心程度」等。

(二) 溝通檢視 —— 提升後設認知

參考表5-1挑一句今天與人說話的內容進行分析，並在溝通圖上繪出互動屬性。

表5-1 對話的PAC檢視（範例）

對象	內容	分析	溝通模式
我→好友	我肚子好餓	C→P	平行溝通
好友→我	我們去便利商店買吃的	P→C	
老師→我	為什麼不好好聽課	P→C	交錯溝通
我→老師	你講課太無聊	A→A	

對於每句對話進行PAC成分的分析，定義其溝通模式為何，然後思考／觀察對談者的感受與反應。

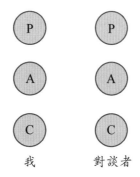

圖5-2 PAC對話檢視

第十四記

暴跳如雷的幼兒園小女生
—— 掌握前因

　　這是來自一位鄰居的急件，顯然孩子的問題已困擾鄰居相當長的時間。這天實在不得已，透過管理中心打電話與我聯繫，鄰居說孩子應該生病了，我卻不以為然。

　　很多時候學生所表現出來的問題背後，其實有更多其他非直接的狀況。若沒有掌握確切的原因，將造成反效果，更可能錯過適當輔導的時機。

一　情境

　　小N是位聰明伶俐的幼兒園小女生，家庭生活條件非常好，2021年新冠肺炎（COVID-19）於美國大流行期間，全家從美國搬回臺灣暫時居住。二個月後爸爸仍得回美國工作，因為小N非常黏爸爸，她常說以後要跟爸爸結婚。家人怕小N無法接受爸爸要離開那麼遠、那麼久而情緒失控，於是爸爸偷偷地搭機離開赴美。認為等到小N發現時雖然會鬧一陣子，也只能接受。果真小N一知道爸爸不告而別時暴跳如雷，只是這樣大鬧了二個月仍沒有停止。柔性的勸說或威脅斥責全部無效，並且變本加厲。她就像隻刺蝟，動輒得咎，一不如意就摔東西，大吼大叫，把所有人趕到房門外。阿公、阿嬤、妹妹、媽媽全都躲得遠遠的。大家每天都得看小N的臉色，著實對她喜怒無常的脾氣無可奈何。原本想藉由與爸爸視訊來安慰小N，卻沒想到每次一視訊小N就狂哭著要爸爸回來，視訊反而成為刺激小N情緒的元素，以至於後來也不敢安排視訊。全家討論的結果，準備安排小N就診看心智科門診。

二 對話

(一) 無對話之對話

▶ 小N邊摔東西邊吼著：「我要爸爸，你們都走開！」

▶ 小N母想要靠近小N，猶豫著仍沒有靠近。小N把桌上所有物品大力揮到地上，發飆著：「走開！走開！」

母親無可奈何手足無措，只能完全順著小N的情緒，每次都讓小N發洩一陣子，累了方才平靜，尋求短暫的、一時的相安無事。

(二) 保守性對話

▶ 在情緒風暴後，小N母以柔性的態度先放軟孩子的氣憤：「媽媽知道你很想爸爸，媽媽也是」「但爸爸要回去工作，不然可能被老闆fire，爸爸沒賺錢，我們要吃什麼？你又怎麼去學你喜歡的舞蹈課？！」

▶ 小N：「我知道，但是我想爸爸。」

▶ 小N母：「再等等，等到疫情過去了，我們就可以去和爸爸一起住了！」

▶ 小N：「嗯！」

到此，雖然小N同意媽媽的話，當下情緒或許穩定下來，但是為短暫的，而且「等到疫情過去」是個虛無的約定。因為沒有引發小N理性的部分，這會導致小N反覆地出現短暫時間的穩定狀態，但很多時候又被莫名的情緒干擾而觸發其情緒風暴。

(三) 建設性對話

• 在情緒風暴後，小N母以柔性的態度先放軟孩子的氣憤：「媽媽知道你很想爸爸，媽媽也是」「但爸爸要回去工作，不然可能被老闆fire，爸爸沒賺錢，我們要吃什麼？你又怎麼去學你喜歡的舞蹈課？！」

• 小N：「我知道，但是我想爸爸。」

小N母播放國際上疫情嚴重的新聞，描述各個國家確診人數及死亡人數，與小N一起探討為什麼爸爸必須回美國工作賺錢，而他們必須選擇留在臺灣。溝通爸爸與媽媽討論後的考量點及所做的決議。

- 小N母：「爸爸很辛苦，對不對？所以你這樣哭鬧，如果爸爸擔心小N而出門忘了戴口罩、回家急著安撫小N而來不及清洗，是不是很不好？」
- 小N：「嗯！」

在小N同意這些考量後，與小N討論下次和爸爸視訊時，提醒爸爸注意防護。

一陣子之後，我在社區偶遇鄰居，她十分感激說小N已變成一位情緒成熟的小大人，未再出現暴怒找爸爸的情形。

凡事必有因，小N的個性本來就比較激烈，情緒較為鮮明，若是以情緒駕馭理智，長久以來將在成長時養成乖戾的個性。孩子雖然還小，但仍有其理智成熟的一面，要訓練孩子用理智駕馭情緒。

 **知識點**

(一) 精神分析理論

十九世紀末奧地利（Austria）神經學家Freud將人格的心理狀態，分為意識（conscious）、前意識（preconscious）及潛意識（unconscious）三部分，並以冰山理論（Iceberg Theory of Consciousness）描述這三種意識狀態。

1. 意識：顯現在水面上，是直接認知到的部分。比起整個冰山，意識為其中很小的一部分。例如一個人走向飲料店時，正在思考買什麼飲料。這時候他的意識就是評估各種飲料的口味。
2. 前意識：意識之下是前意識，是指不在當下意識到的部分，但只要嘗試去回想蒐集訊息，前意識的內容就會浮出檯面成為焦點。氣氛、情

緒等會影響一個人的行為意識，透過各種訊息的蒐集，前意識的訊息便被記起。在前意識較深層的位置，屬於較難即刻想起的記憶，常需要花較多的時間藉由更多的線索提取至意識中，例如一個人在飲料店前想儘快想起之前同學請過的飲料訊息。

3. 潛意識：是意識的最下層。Freud認為潛意識占整個意識的最大部分，常常影響著一個人的行事作為。而生活中每一件事，都可能影響一個人潛意識的形成。潛意識的內容無法以一般方法回想，很多時候需要專業引導方能浮出水面。Freud認為所有的人都會經歷「潛意識衝突」，許多這個衝突源自於童年的經驗，而這些衝突常會出現心理防衛機轉（defence mechanism）來進行調適（見第十五記）。

(二) 應用行為分析（applied behavior analysis, ABA）與功能性評量

ABA是以有系統的方法去觀察、評估分析輔導對象的表現行為，並透過控制外在環境而改善他們的行為問題，是當代最常用以處理行為問題的模式之一。ABA常以功能性評量的A－B－C模式處理不適應行為〔吳佩芳、田凱倩、阮震亞、張家瑞、鄭竹秀（譯），2019〕。

功能性評量主要在評估行為問題發生對個案的意義是什麼，藉由評估行為及其前因與後果，調整環境及條件，目的在使行為問題再發生的機率降低。

1. 探討形成行為問題的前因A（antecedent）：探討情境中的事件，以發現存在環境中導致行為問題的刺激。
2. 準確地描述行為問題B（behavior）：行為問題通常為過多或不足的不適當表現。描述行為問題時，應以操作性定義（operational definition）的詞句具體描述行為，包括行為的屬性、其出現的頻率、持續時間等。
3. 分析行為的後果C（consequences）：了解行為問題對個案造成的功能及意義，每種行為問題皆有其存在之功能。

若能找出行為問題的促發原因，便能夠因此找出適當的對策，以預防或改變不當行為的出現。以功能性評量評估控制目標行為可能的變項

為何，更明確地了解問題的影響因素，以便引導學生發展適應的行為。如本記小N的(B)是情緒失控，(C)是這樣的舉止讓小N覺得爸爸會早一點回來。要處理的標的不是情緒失控，而是引起此(B)之(A)──「思念爸爸，要爸爸回來的念頭。」處理了(A)（思念爸爸，但能體諒爸爸的不得已，爸爸還是愛我的，我也愛爸爸，不能讓爸爸擔憂我），則不當的(B)就不會出現。

(三) 同理心（empathy）

同理心的培養是核心素養「溝通互動」面向中「符號與運用、溝通與表達」項下的重要元素。能同理他人的狀態，方能站在對方的角度解讀其狀況及限制，以便進行良性溝通。

同理心不等同於同情心。同情心是思考對方當下的感受及受苦，而產生關心、憐憫的情緒；同理心則是以對方的處境思考他的遭遇及感受，而產生感同身受的認知與情緒。不是同意他的情緒，而是接納及尊重對方的情緒（杜玉卿等人，2015）。換位思考或是以實際經驗對方的處境是培養同理心常運用的技巧。例如看到坐輪椅的同學搭不到電梯，思考如果自己是正要趕課的輪椅移行同學，面對電梯裡面滿是人的情境會產生什麼樣的情緒。

> **透視鏡**
>
> ### 如果沒有同理心
>
> 　　如果沒有同理心，母親會責怪為什麼自閉症兒這麼固執難伺候。
>
> 　　如果沒有同理心，老師會無奈家長要求過多難搞。
>
> 　　如果沒有同理心，面對憂鬱症的朋友會搖著頭說：「有那麼嚴重嗎？」
>
> 　　如果沒有同理心，面對絕症病患的醫師可能專業冷漠地說：「你的生命大概剩六個月。」

四　課程／活動設計

當一個人能同理別人時，便能夠以理性面對事情，以成熟的態度與情緒應對。反之亦同，當一個人能夠以理性面對事情，便較能夠同理別人，以成熟的態度與情緒應對。

(一) 小大人

我們通常在教育學生時，或要學生寫作文時都會寫爸爸、媽媽偉大的地方，很少去思考親子之間的問題，期待孩子盲目地忍耐，「因為他是你爸爸／媽媽！」「大人就是對的」，或者覺得孩子還小不懂事，而刻意掩飾真相。如此便形成高低的地位區別。但是孩子總有一天會長大，當他習慣以情緒凌駕理智之上時，他會一直運用直覺的模式與人互動。

此活動請學生想一想媽媽或爸爸辛苦的地方，以及愛我的方式，以便孩子面對「不公平」的互動時能以「同理」的心情釋懷（表5-2）。

表5-2　我是小大人

誰	對我好的地方	讓我難過／生氣的地方	為什麼我會這樣生氣	我要對他說什麼
爸爸				
媽媽				

(二) 使出照妖鏡──情緒檢核與策略發展

個體會因為存在壓力而出現情緒，為了處理情緒應該優先帶領學生處理其壓力來源。表5-3先找出壓力源、覺察個人的反應後再思考因應的策略，此即功能性評量中探討前因(A)、了解情緒行為(B)，以及發展可介入因應的方法。但此處是發展緩和情緒的暫時性方法，較根本的做法應該要針對前因去做改變計畫。

表5-3　情緒檢核與策略發展

因素	促發情緒波動的情境（A）請勾選	出現哪些反應（B）對照下表（壹）填入ab等	可以用哪些方法緩和對照下表（貳）填入ㄅㄆ等
課業	☐1.作業不會寫／沒有寫		
	☐2.準備報告／上臺報告		
	☐3.擔心考試		
	☐4.無法應付課業		
	☐5.分組報告		
	☐6.		
生理	☐7.生病		
	☐8.疲倦		
	☐9.		
生活	☐10.經濟壓力		
	☐11.生活混亂		
	☐12.事情太多		
	☐13.無目標		
	☐14.		
人際互動	☐15.與家人感情		
	☐16.與人衝突，誰：		
	☐17.沒有朋友		
	☐18.受人排擠		
	☐19.受人指責		
	☐20.別人話語刺激		
	☐21.		
季節／其他	☐22.雨天		
	☐23.春季、秋季、冬季		
	☐24.環境		
	☐25.不好的經驗：		
	☐26.		

（壹）先勾選再填入上表		（貳）先勾選再填入上表	
○a.頭暈、嘔吐	○i.發脾氣	△ㄅ.深呼吸三次	△ㄏ.離開當下情境、人
○b.心跳極快	○j.大吼大叫	△ㄆ.走一走散散步	△ㄐ.運動
○c.血壓飆高	○k.摔物品	△ㄇ.洗把臉	△ㄑ.在＿＿＿寫下心情
○d.幻聽、幻覺	○l.傷人	△ㄈ.規劃行事曆	
○e.無法思考	○m.自傷	△ㄉ.規劃作息時間	△ㄒ.吃＿＿，花＿＿＿元
○f.悲傷	○n.不理人	△ㄊ.充分休息	△ㄓ.與人聊天，誰：
○g.吃不下	○o.拒絕出門	△ㄋ.睡覺	△ㄔ.做喜歡、忙錄的事
○h.吃很多	○p.	△ㄌ.服藥	
	○q.	△ㄍ.大哭／大笑一場	△ㄕ.對自己說：
		△ㄎ.觀察周遭	△ㄖ.看笑話／影片：
ps. 如果所填緩和方法效果不佳，可引導學生思考更好的方法。			△ㄗ.看勵志故事：
			△ㄘ.

透視鏡

作息調整　早起早睡

　　有效的作息調整不是「早睡早起」，而是「早起早睡」。

　　平常習慣晚睡的人因為生理時鐘要「早睡」很難，因此會在床上翻來覆去，還是「晚睡」了，於是又無法早起。

　　調整作息時先強迫自己「早起」幾天，因為生理需要足夠的休息，會開始早睡，一陣子之後，生理時鐘便會調整成「早起早睡」。

第十五記

屢遭霸凌的小學生
——阻止忿恨的成長

那位學生由於個性較特別，不太能解讀人際氛圍，衛生習慣不佳，從小就難以交到好朋友，並且不斷地有同學嘲笑、霸凌他。漸漸地使他養成乖戾的個性，更難以融入同儕中。長大的他，終於還是進入霸凌他人的循環發展中。

一 情境

小O生於低收入家庭，父母生了六個孩子，小O為老大，在家裡是最不被關注的那位，更常常是爸媽的出氣筒，家庭教養功能不彰。在學校課業表現不好，行為問題也總是受到師長的責備，同學看到小O的個性、外觀以及不被師長接納的狀態，更沒有人想和他做朋友。小O遭到同儕、師長不斷地霸凌，也被嘲笑太娘娘腔以後一定是gay。這些都使小O從小就相當自卑地躲在一角。5年級某一天，小O突然以言語暴力回應同學的恥笑，之後甚至以拳頭回應同學的欺侮，他發現這招讓同學對他退避三舍，他不再是班上的弱勢。從此他享受於以暴力解決所面臨的問題。

二 對話

(一) 孤獨無依的溝通

▶ 小四的小O：「老師，同學又在欺侮我。」

▶ 林老師：「你要約束自己的行為，該交的作業要交，好好用功，同學就會喜歡跟你做朋友。」

▶ 小O無言以對。

▶ 林老師：「而且你很多想法太固執，太沒彈性，表現出來的行為就很怪，這樣是無法交到朋友的。」

小O向林老師的求救並沒有得到回應，反招來一頓教訓，林老師也沒有為小O發展應調整的策略。若是這樣一次又一次，大部分成長中的孩子都會對同學、老師懷著不信任，甚至於是忿恨的態度。

(二) 建設性對話

- 小O：「老師，同學又在欺侮我。」
- 陳老師：「你自己覺得是什麼原因呢？」
- 小O：「我不在乎，我也不喜歡他們。」
- 陳老師：「可是老師覺得你在乎，不然你不會提出來。」「老師來陪你想想看這中間出了什麼狀況，以及同學誤解你的地方，再來和同學溝通好嗎？」

陳老師藉此點出小O需要檢討進步的空間，而且老師的接納與陪伴已經拉了小O好大一把。

三 知識點

(一) 歧視與霸凌（bully）

研究指出許多有霸凌行為的學生，對於反社會行為、衝動表現、問題解決策略等存在不當的信念，例如他們會認為暴力是解決問題的最好、最快方法（Somma & Marini, 2020），Sutton等人（2012）指出部分性侵害觸法者在童年時期有過性受害的經歷。國內外的重大反社會行為案件中，也發現不少犯刑者在成長歷程有持續受歧視與霸凌經驗，以致形成忿恨心理及報仇的行為。如2014年臺灣的鄭捷捷運隨機殺人案、2022年5月美國德州小學槍殺21位致死案的18歲少年犯等。歧視與霸凌事件應該獲得即時輔導，以免未來出現更難以收拾的事件。

《校園霸凌防制準則》（2020）於2012年首先制定頒布，期待發展溫暖、尊重的學生態度，以建構友善的校園環境。霸凌指「個人或集體持續以言語、文字、圖畫、符號、肢體動作、電子通訊、網際網路或其他方式，直接或間接對他人故意為貶抑、排擠、欺負、騷擾或戲弄等行為，使他人處於具有敵意或不友善環境，產生精神上、生理上或財產上之損害，或影響正常學習活動之進行。」

當前有各種法規制止歧視身心障礙者，如CRPD（見第二十一記），又如《身心障礙者權益保障法》（2021）指出「身心障礙者之人格及合法權益，應受尊重及保障，對其接受教育、應考、進用、就業、居住、遷徙、醫療等權益，不得有歧視之對待。」歧視約略可分為直接歧視及間接歧視，前者是明顯以障礙為由所實施的差別待遇，以及直接的貶抑、辱罵；後者指法律、政策、方案或措施表面上無歧視訊息，但在實際施行上產生歧視的效果。例如提供大家一樣形式的試卷，看似公平，可是視覺障礙學生因為視力受限而無法順利閱讀，便是歧視行為。

(二) 性別平等教育

性別平等教育乃期待校園得以尊重多元性別差異，消除性別歧視，促進性別地位之實質平等。《性別平等教育法》（2022）規定，學校相關人員若知悉服務學校發生疑似校園性侵害、性騷擾或性霸凌事件者，應向學校及當地直轄市、縣（市）主管機關通報，至遲不得超過二十四小時。其事件進行之一方為學校校長、教師、職員、工友或學生，他方為學生者。而其相關案情包括：

1. **性侵害**：指《性侵害犯罪防治法》所稱性侵害犯罪之行為。
2. **性騷擾**：指符合下列情形之一，且未達性侵害之程度者：
   (1)以明示或暗示之方式，從事不受歡迎且具有性意味或性別歧視之言詞或行為，致影響他人之人格尊嚴、學習、或工作之機會或表現者。
   (2)以性或性別有關之行為，作為自己或他人獲得、喪失或減損其學習或工作有關權益之條件者。

3. 性霸凌：指透過語言、肢體或其他暴力，對於他人之性別特徵、性別特質、性傾向或性別認同進行貶抑、攻擊或威脅之行為且非屬性騷擾者。如本記同學嘲笑小O的「娘娘腔」即屬於性霸凌。

(三) 心理防衛機轉

Freud精神分析理論指出，人格結構包含本我（id）、自我（ego）、超我（super ego）三部分的交互作用。個人為了適應外界壓力，便容易出現各種心理而改變行為反應來因應，以保護個人的信心、價值感，避免壓力及不愉快的情緒。一個人內在若出現超我與本我衝突便產生焦慮與痛苦，於是就出現防衛機轉來因應。防衛機轉有很多種型態，如：

1. 否認作用（denial）：遇到痛苦或不愉快的事，潛意識地直接否認它的存在，徹底地忽視它，就像沒經歷過一樣。
2. 潛抑作用（repression）：將無法被接受的感情、期待、記憶、或衝動，壓抑到潛意識深處。例如小O對於不被父母關注，心裡其實很傷心，但他可能不會呈現出來。
3. 轉移作用（displacement）：不能向對方發洩個人的情緒、想法，轉而發洩到其他人身上。例如小O若長大後經常霸凌某人，可能正因為那個人長得很像小時候霸凌他的人。
4. 投射作用（projection）：將個人無法接受的慾望或衝動歸到他人身上，指稱那是別人的想法。例如不斷嫌棄室友，但他又覺得自己的行為不對，於是潛意識裡會認為是他室友討厭他，找他的麻煩，所以自己才會很無辜地反擊。
5. 退化作用（regression）：當壓力事件過大無法解決時，可能退化到幼年時期的幼稚行為。例如一位成人做錯事而退回到幼時的撒嬌要賴行為，以求得對方的原諒。如果較嚴重者，則可能演變或解離人格（舊稱多重人格）。

6. 反向作用（reaction）：感覺心中所存在的衝動與慾望是不符社會所期望，所以以相反的行為表現，以壓抑該些衝動與慾望。例如想獲得某物品而刻意避免提及該物品；越是厭惡某人反而對他更友善。

7. 合理化作用（rationalization）：從不同角度解釋，以平衡自己的心理。例如因為得不到，就說該事物不好，即酸葡萄心理。

8. 抵消作用（undoing）：以象徵性的動作抵消另一些已經發生的不愉快事件的影響。例如過年時打破碗盤立即說「歲歲平安」，或見到了喪事唸聲阿彌陀佛，目的是為了抵消原有事物在心中造成的不舒服感。

9. 補償作用（compensation）：在某方面受挫時，採取其他方式彌補原有的缺陷，以減少不舒服的感覺。例如家境很差的學生，努力用課業上的成就來彌補個人的自卑。此觀點即Adler的自卑與超越（見第二十七記）。

10. 昇華作用（sublimation）：所擁有慾望不符合社會期望，改以符合社會標準的行為來表現。如一個人用刀破壞物品時有莫名的興奮，倘若他直接以刀攻擊他人或破壞公物，他就犯刑。但透過昇華作用，他當了一位救人無數的外科醫師。

心理防衛機轉長期存在於個人心中，目的是為了減低壓力保護自己。然而人們常以忽視事實來應對，如此問題並不會消失，所以許多心理防衛機轉具有短暫立即的效果，但長期運用反而使壓力上升。有時不適切的心理防衛機轉容易造成焦慮疾患，例如強迫症、焦慮症等的身心反應，或者發展成憤世嫉俗的反社會行為之心理狀態。相對地，若能運用健康的心理防衛機轉，諸如昇華作用、補償作用，將能使個人的生活更積極正向。防衛機轉是潛意識進行的反應，一般人無法覺察自己存在的防衛機轉，經過精神分析方得以將其浮現。

君子報仇十年不晚

透視鏡

麗如老師自傳之二

小學一、二年級時功課實在很糟，作業被老師丟飛，被罰跪在講臺前寫作業，在全班面前發不出注意符號的音被老師責罵，同學則一起排斥不屑同行⋯⋯真是丟臉悲慘的日子。

就讀當年桃竹苗第一志願新竹女中時，同班何同學遇到小學一、二年級的班長——她當時每次段考都滿分，是全校的風雲人物，我只能在班級後段自卑地仰望著她，我混不進那群被老師喜歡的「好學生群」中。何同學傳話給我，那位班長（小學三年級時轉學後未曾與我同校）正就讀當時的後段職校，班長傳話質疑「為何陳麗如能唸新竹女中？她小時候功課很差耶！」我請同學回應「小時了了，大未必佳！」

受到欺侮恥笑時，有的人會即刻與之對抗，或以言語斥責回應，或以暴制暴。

如果此時能忍一時之氣，奮發向上，未來事業成就在其之上，可能讓對方出現酸葡萄心理：「哦！她小時候很差耶！」十年磨光後再來回應對手，乃是最棒的報仇雪恨。此為阿德勒的「自卑與超越」。

四 課程／活動設計

(一) 訪問評估自己的限制

一般人對自己的認知可能是不夠客觀的，也可能未能全面了解自己的限制而出現人際、生活、溝通等的問題。此處藉由訪問他人的觀點，增加對自己認識。訪問內容可以是各種主題，例如人際互動、口語溝通、個性特質等。

表5-4 我的優缺點

| *訪問他人，請他指出我所擁有的優點及缺點，寫在空白處。對象至少一個家人、一個朋友，並針對該優點、缺點在對應的灰階方格給自己鼓勵或改進意見。 |

訪問主題：

訪問對象　時間	優點		缺點	

(二) 提醒卡

　　許多時候學生做了不當的行為後，當下會承諾，或自己決定改變，但不久又出現行為問題。為了使學生的調整能夠內化成為個人特質，建議將其改變計畫進行具體的書面資料，在適當的時候提醒自己。例如表5-5為小O的衛生行為管理提醒卡，請小O早上及下午的第一堂課朗讀或默唸一遍提醒自己控制行為。在一段時間較穩定後，可以降低唸讀頻率。若小O會忘記唸提醒卡也可以設定鬧鐘提醒，而為了方便確實管理，也可以請小O以Line於指定時間以語音訊息傳給父母或他人。表5-6則是以第六記中的小F為範例進行說明。

表5-5 小O的衛生行為管理提醒卡（範例）

	行為管理
1.	衛生紙用完即刻丟垃圾桶。
2.	摸到髒的東西不要在衣服擦拭，去洗手。
3.	有鼻涕時用衛生紙清潔。

表5-6 小F的行為管理提醒卡（範例）

	行為管理
1.	碰觸同學前要先經他人同意，如：頭髮、手臂等。
2.	別人講完話時，才接話。
3.	課堂中，要拿出老師正在教導的課本。

註：對過動較嚴重或認知能力較有限的學生，一段時間內不要提醒太多事項，待穩定後再換另一些規則。

透視鏡

後記

課綱元素
——社會參與

一　社會參與提升對話檢視

針對本課各記案例中之對話，檢視負向元素及正向元素。

表5-7　社會參與對話檢視

負向元素		正向元素	
□13.否定對方的想法	□13.抑制對方的委屈想法	○13.同理接納對方情緒	○14.引導以認知管理情緒
□14.未以理性引導	□14.避開問題，以求相安無事	○14.加入認知元素的對話	○14.分析問題的前因再處理
□15.忽略存在的問題	□15.未處理受歧視等的負面情緒	○15.同理學生處境	○15.討論具體調整的部分

*檢視勾選與學生互動對話的元素。
*□為以具有負向的訊息進行溝通，○為能適當運用正向訊息進行溝通。
*各項之數字為在各記案例中的對話，讀者可對照案例情境以掌握其意義。

二　社會參與課綱元素

(一) 情緒與人際

國教課綱總綱指出：學校教育應「引導學生妥善開展與自我、與他人、與社會、與自然的各種互動能力，協助學生應用及實踐所學、體驗生命意義，願意致力社會、自然與文化的永續發展，共同謀求彼此的互惠與共好。」（教育部，2014）。國教課綱不論在三大面向核心素養

或各項教育議題中，良好的人際互動均為學生的學習重點。

　　如核心素養「社會參與」面向中「C2人際關係與團隊合作」項下指出，培養學生具備友善的人際情懷及與他人建立良好的互動關係，並發展與人溝通協調、包容異己、社會參與及服務等團隊合作的素養；又如教育議題「家庭教育」中的主題包括「人際互動與親密關係發展」、「家人關係與互動」等，強調家人間的關係（見圖0-1）。

(二) 性別平等教育

　　兩性互動也是社會參與中的重要人際互動一環，因此國教課綱將性別平等教育，列為十九項議題教育之一。主要在培養學生性別平等意識，啟發學生多元文化理解及批判思考能力，覺察性別權力不平等，悅納自己與他人的性別展現，進而能以具體行動消除各項歧視，使所有學生皆能在性別友善的校園中學習與成長（教育部，2019）。

透視鏡

第六課

生活素養深化

　　各種知能的學習應回歸於生活能力的提升，即國教課綱所著重的焦點「生活素養」。在平時若能關注生活中各個元素的調整，便得以厚實個人的素養；反之，如果平時不能將所學內化為個人的能力，則素養難成。更多學生的生活問題是沒有遠見、沒有做規劃，以致不習慣思考個人的生活條件與需求。

　　不會融會貫通、不做比較分析的學生，學習就容易一知半解、缺乏整合能力，學習效益便會受到一定的影響。從日常生活中隨時、隨機地訓練學生思考與解決問題，以便學生具有適當的學習能力與習慣，避免未來遇到問題時難以因應，是素養培育的最佳做法。本課主要從學生的生活問題思考，以及描述如何進行生活行為訓練。

第十六記

懷疑人生的高中學生
—— 尋找生活價值

　　現在的年輕人常說「懷疑人生」，聽來似是一句玩笑話，我卻發現這是許多學生的普遍疑惑。

 情境

　　從小母親就為小P規劃各種課程，包括才藝課、補習、家教，小P似乎未曾思考這些課程是不是自己所期望。上國中後，他非常埋怨為什麼父母、師長要把自己逼得那麼緊，因為只能忍著，順著父母、師長之意，卻讓他總是悶悶不樂。現在更大了，學習沒有成就感，與父母、師長的抗辯爭執越來越多，小P有更多的疑惑，對於為什麼要學習，甚至於生命的價值存在很大的疑惑，他不是憂鬱症，但對生活一直感到懷疑，對生命也無熱忱可言。

 對話

(一) 漫無功能的對話

　▶ 林老師：「你怎麼這樣意興闌珊地，什麼事都不用心去做？！打起勁來，多做點有意義的事。」

　▶ 小P：「……」

　　林老師針對小P的消極態度未進一步確認與處理，這樣的對話其實只是批判，並無指導。

(二) 思考價值的對話

- 陳老師：「我們來想想，你平時做哪些事時最快樂？」
- 小P：「打線上遊戲。」
- 陳老師：「你覺得打線上遊戲比讀書有趣多了？」
- 小P：「嗯！」
- 陳老師：「讀書學習呢？」
- 小P：「讀不來！」
- 陳老師：「所以讀書學習讓你挫折，因為學不來？！」
- 小P：「嗯！」
- 陳老師：「那你覺得讀書學習和打線上遊戲對你未來的發展，哪個更有幫助或更重要？」
- 小P：「應該是讀書吧！」
- 陳老師：「聽起來小P是想要讀書的，覺得那才是更重要的，只是讀書又無聊又挫折。」
- 小P：「嗯！」
- 陳老師：「老師知道了，我們來找你有興趣又對未來有利的讀書學習方向！」

　　小P雖然有些沒信心，但仍點頭。顯然，小P還是希望學習能有突破。

三　知識點

(一) 價值觀與生活價值觀

　　美國知名顧問Allyson（2013）認為，一個人生活混亂或是失去生活重心的主要原因之一，為他／她無法判斷事情的輕重緩急，人們很少評估後去問自己：「到底什麼是我人生中重要的事？」生活價值觀的內涵將因為其個人條件，包括年齡、經驗等而變動。

　　Schwartz和Bilsky（1987）認為價值觀是「個人所持有的概念或信念，它呈現一個人的慾望，左右個人評估或選擇行為事件」（摘自Carlstrom, 2011）。生活價值觀意味著該想法、事件在個人日常生活中的重要程度，是一種信念，也成為一個人在日常生活中行事作風的指導原則（高立學，2000）。滿足生活價值觀可以使個人擁有正向的情緒，在權衡各種價值元素後形成驅力而採取行動，調整各種計畫，以至於個人價值觀的實踐情形影響了其生活的滿意度。

　　有些人的價值觀明顯清晰，無須花時間思考體認就可做適當的生涯規劃。另有些人可能因為生活負擔的干擾，不清楚個人的價值觀，不夠周密審慎評估而以「理所當然」行事，茫茫然地生活著，以至於對生活感到混亂、焦慮、或徬徨（陳麗如，2018）。認識自己的價值觀而後規劃實踐的目標與行動將可以使人生活踏實，而從價值觀與學習間做連結則可以使學生更有目標、更心甘情願去學習。

(二) 需求理論

　　人是追求意義的動物，人本心理學家Maslow以「需求階層理論」（Maslow's Hierarchy of Needs Theory）指出人的生命中有五個層次的追求，從最基本的「生理需求（physiological needs）、安全需求（safety needs）、愛與歸屬需求（love and belonging needs）」，到需要被尊重的即尊嚴需求（esteem needs），最高層次則是個人追求成就感，達成「自我實現」（self-actualization）的優越感（見圖6-1）。Maslow倡導內在動機（internal motivation），經由個人內在驅動之自覺的、主動的與創造性的學習方式，能開發潛能，達到自我實現的境界（陳永進和魯雲林，2019；羅素貞等譯，2020）。

　　人們傾向追求潛能發揮，定義自己生命的意義。當學生對生活茫然時，師長應引導學生踏實生活以取得真實的快樂，可以從其高層次的需求及個人的價值觀所在激起其生活動力。

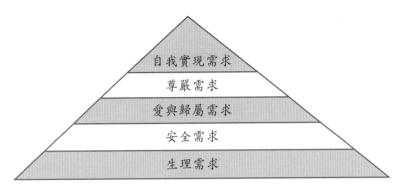

自我實現需求

尊嚴需求

愛與歸屬需求

安全需求

生理需求

圖6-1　Maslow需求層次論

(三) 集體潛意識（collective unconscious）

　　Jung的發展分析心理學（analytical psychology）提出集體潛意識的論點，他指出人格結構由三個層次組成：意識（自我）、個人潛意識（情結）和集體潛意識（原型，archetype, prototype）。集體潛意識是人格最底層的潛意識，深藏在人類腦中的遺傳痕跡。集體潛意識是個體難以意識到的部分，產生於全人類與生俱有的、或一直存在的共同經驗，包括祖先世世代代的活動方式和經驗、價值發展，所以所有人類之集體潛意識內容與傾向在本質上都是相同的（林紫，2020）。原型是集體潛意識中形象的匯總，含著各種的形象角色，強烈影響著人格的驅動力，成為一個人面對困難時本能的表現。很多人面對現實生活造成的心理陰影常用拙劣的方式呈現，使得個人內心負向的潛意識不斷積累，便造成個人價值觀負向或停滯發展，例如「躺平風潮」（見第十七記）。又如本例小P的不用功現象或「不想用功」說詞，很多時候正是因為「用功不來」之人類集體潛意識的本能反應，輔導時應該促使其光明面之動力發展。

四　課程／活動設計

(一) 生活價值觀與實踐

　　學生對生活感到茫然時，可以進行生活價值觀檢視，沉思自己的內在動力。此處以表6-1檢視生活價值觀滿足情形，並做之後的規劃：

1. **價值觀內涵**：評估對各價值觀內涵的重視程度，選出對自己是重要的價值觀，並可進一步分析各價值觀內各個事項的著重情形。
2. **實踐省思**：針對前述選出之生活價值觀，找出經歷的具體事例以評估生活價值觀的實踐情形。
3. **實踐計畫**：對照個人生活價值觀與實踐情形，規劃調整之策略或計畫。

表6-1 生活價值觀滿足規劃（中學生範例）

價值觀	程度	價值觀內涵[a]	實踐省思	實踐計畫
1. 慈愛同理：能覺察到別人的感受，能誠懇對待他人且在需要時會進行協助。	普通			
2. 勇於追求：把握機會追求想追求的事物，積極付諸行動以達成個人的期待。	普通			
3. 愉快人際：期待有愉快的人際互動關係。	高	1. 有知己知心的朋友 2. 有長久的友情	1. 不容易與好友分享喜怒哀樂 2. 對好友的互動回饋不夠積極 3. 曾有好朋友，但未持續聯繫	1. 放開心與好友分享喜怒哀樂 2. 與國中那位好友聯繫並持續互動
4. 健康身體：認為身體健康是重要的事，行事會注重促進健康因子並有適當的調劑，包括生活型態、環境等。	很高	1. 凡事以健康為優先考量 2. 保持身心健康 3. 早睡早起	1. 常感冒生病 2. 體重過重 3. 常熬夜	1. 每週跑步三次，每次30分鐘 2. 減重計畫：這個暑假首先減3公斤，一年內共減6公斤 3. 管理睡眠休息時間 4. 不熬夜

價值觀	程度	價值觀內涵[a]	實踐省思	實踐計畫
5.家庭生活：在乎與家人的互動陪伴，著重孝順父母。	低			
6.享受生活：著重在現實中儘量享受生活。	低			
7.輕鬆精彩：期待日子能輕鬆無壓力且過得精彩。	很高	1.精彩過日子	1.目前生活太宅、太保守平淡	1.安排更豐富多元的休閒計畫
8.社會聲望：追求在社會上有一定的地位，擁有成功的成績及受人尊敬的職業。	低	1.考上理想學校 2.思考或尋找人生想做的事 3.提升專業知能	2.尚不知選擇哪個領域學習 3.有大約的方向，但仍不夠具體 4.成績中等，尚有進步空間	1.擬定進修計畫 2.進行生涯選擇與計畫 3.踏實研讀專業學習
9.安定生活：期待穩定的金錢生活或生活伴侶的關係。	普通			
10.自在生活：在生活上能輕鬆自在不受到干擾。	低			
11.正向愛己：凡事以自己的感覺為重，能關注並依自己的想法行事。	低			
12.樂觀進取：以樂觀態度生活，遇到困難事仍能努力前進。	低			

價值觀	程度	價值觀內涵[a]	實踐省思	實踐計畫
13. 築夢踏實：建立明確目標並藉由實際行動與取得的成績，以追求夢想實踐。	高	1. 考上理想學校 2. 思考或尋找人生想做的事 3. 提升專業知能	2. 尚不知選擇哪個領域學習 3. 有大約的方向，但仍不夠具體 4. 成績中等，尚有進步空間	1. 擬定進修計畫 2. 進行生涯選擇與計畫 3. 踏實研讀專業學習

註：對每一項價值觀評估自己在乎的程度，約略了解個人的價值觀分布。

a：價值觀內涵是來自生活價值觀量表（陳麗如，2018）中學生版的題項。

(二)三十件重要事

　　學生若對於自己的人生目標覺得太遙遠，則可以先從小事件的計畫著手帶動生活的動力，以避免生活視野只圍繞在讀書環境中。生命喜悅由大大小小夢想建築而成，一個夢想就是一個動力。以表6-2帶領學生思考並計畫自己想完成的事件，引發自己向前進。

　　可以在團體中分享個人的夢想／計畫，作為刺激、激起更多的生活動力。

表6-2　未來生命中將完成的三十件重要事

在以下空格填寫希望在未來生命中完成的三十件事				
1.	2.	3.	4.	5.
6.	7.	8.	9.	10.
11.	12.	13.	14.	15.
16.	17.	18.	19.	20.
21.	22.	23.	24.	25.
26.	27.	28.	29.	30.

第十七記

網路成癮的國中生
── 找尋生活重心

　　當今孩子很容易沉迷於網路世界或線上遊戲，這多半是因為在現實世界中沒有發展個人的任務，而這其中的原因很多是因為現實世界的失落，包括課業的無感或無助、人際關係的挫折、學習無目標等，以至於一天24小時能做什麼？虛擬世界總比現實世界可愛得多了……

一　情境

　　國中的課業越來越重，填鴨式的學習讓大腦難以負荷。接觸了線上遊戲使小Q找到殺時間的方法，那是有聲光炫麗刺激的活動，小Q開始和同學、和網友打英雄聯盟。小Q最有生氣的時間是在遊戲世界中忘我，不眠不休，不斷挑戰更高等級。小Q的學習成績更為落後，信心快速流失，小Q就更不願意花費時間投入學習。高中的小Q成績淪為班上墊底，惡性循環的結果使小Q表現更為不佳。上課眼神空洞，越來越不耐煩於課堂的事務，自卑的心態也開始不搭理班級事務而變成如行屍走肉的學生。

　　很快地，小Q覺得人生很乏味，生活無重心，人越來越消極，也無法自在地享受自稱是位「魯蛇（loser）」的身分。多數老師對小Q搖頭，想：你都自甘墮落，誰救得了你？開始把小Q當作課堂中的空氣人，「隨便他吧！」

二　對話

(一) 破壞關係的對話

　▶ 爸爸：「不要成天只會玩線上遊戲，你這樣以後能幹什麼？」

▶ 小Q：「我沒有想要幹什麼啊……」。
▶ 爸爸：「真是沒用的人。」
▶ 小Q：「我就是魯蛇啊……」。
▶ 爸爸：「沒救了！」

這是一種「死刑式」的對話，爸爸一昧用制止、否定的語氣，不僅破壞了關係，也容易導致小Q只會更用對抗來應對。

(二) 接納情緒的對話

在感受到小Q有一絲想改變的動機時，老師抓緊機會強化小Q想改變的動機，並與小Q一起討論改變計畫。

- 陳老師：「老師覺得小Q也不是那麼混，也想好好學，只是不知道怎麼做，對不對？」
- 小Q靦腆不語，顯然有些說到他心坎裡。
- 陳老師：「老師來評估一下你上學想學的東西，然後我們一起來計畫。」

三 知識點

(一) 網路成癮

網路成癮症（internet addiction disorder），或稱病態網路使用（pathological internet use）。目前「網路成癮」是否應定義為一種心理疾病，在學界仍然存在爭議，但無論如何，網路使用過度對一個人的生活及學習有相當大的干擾。世界衛生組織（World Health Organization, WHO）將「電玩成癮」（gaming disorder）加入第11版「國際疾病分類」（International Classification of Diseases, ICD）的「精神疾病」中（參見表6-3）。網路成癮的病程標準為平均每日連續使用網路時間達六個小時以上，至少歷時三個月。其症狀表現有：

1. 無節制沉溺於網路遊戲，對網路的使用有強烈的渴求或衝動感。
2. 減少或停止上網時會出現身體不適、煩躁不安、易激惹、注意力不集中、睡眠障礙等戒斷反應。
3. 表6-3中的五項中至少符合一項。

表6-3　網路成癮診斷準則

網路成癮診斷準則	符合
1. 不斷增加使用網路時間和投入程度，以求達到心理的滿足感。	
2. 使用網路的開始、結束及持續時間難以控制，經多次努力後均未成功。	
3. 固執使用網路而不顧其明顯的危害性後果，即使知道使用網路的危害仍難以停止。	
4. 因使用網路而減少或放棄其他的興趣、娛樂或社交活動。	
5. 使用網路成為逃避問題或緩解不良情緒的途徑。	

(二) 習得無助

　　是指人或動物不斷地受到挫折，在情感、認知和行為上表現出極端消極的心理狀態。當一個人評斷自己無論如何努力都只會遭遇失敗時，就容易定義自己是無能的，其精神情緒長期處於低迷狀態，而後甚至不願意嘗試。學習總是失敗的學生、久病未癒的患者、孤獨無生活目標的老人等，是常出現無助心理現象的族群（陳永進和魯雲林，2019）。「習得無助」特別指在學習上的絕望、抑鬱和意志消沉，而出現消極的心理和行為問題，其中原因包括：

1. **學業挫折的長期累積**：在學業表現無論怎麼努力仍然失敗，很少甚至沒有體驗到成功的喜樂。長期積累導致深刻的負向自我評價，預期只會失敗，認為自己愚笨，不是學習的材料等，最後放棄努力。
2. **長期負向評價**：受到他人長時間，或多人的批評和嘲笑，導致害怕表現而限制自己的行動及努力。
3. **不當的歸因**：反覆受挫而對失敗做不合理歸因，認為自己愚笨無論多

努力都無濟於事，從而降低學習動機。

習得無助的學生在學習或行為上常出現偏離規範的行為。例如Adler曾經問一位學生「你為什麼逃家、逃學？」，學生回應「我的成績很糟，只要學校有考試，我就知道不會過。」〔彭菲菲（譯），2020〕。學生定義去學校與不去學校會獲得一樣的懲罰，逃避失敗而出現行為問題是習得無助的典型反應。

透視鏡

全球躺平風氣

躺平為2021年來自中國百度貼吧的一則訊息，言「躺平即是正義，我選擇躺平，我不再恐懼」，後在中國各地崛起成為許多年輕人的吶喊。因為「不想跪著，不能站著，只好躺著」，主張「與其奮鬥，不如躺平無欲無求維持最低生活」，是對在社會中生活無助的展現，是一個無聲抗議的運動。

在全球各國也都有年輕人因為感到無力而出現消極的生活態度，包括英國尼特族（not in education, not in employment, NEET，不升學不就業）、美國歸巢族（搬回父母家住）、法國袋鼠族（20-40歲家中啃老）、香港雙失青年（失學、失業）、日本繭居族、南韓七拋族（拋棄戀愛、結婚、生子、住房、人際、夢想、希望）等。

(三) 三級預防

全面的輔導方案一般可以分為三個層次（王麗斐，2020；林萬億等，2018）：

1. 初級預防：以全體師生為主，藉由知能教導、態度培養，防範問題於未然，著重個體的發展性，如兩性教育、生命教育。在校園裡，初級

預防輔導透過校長主持的全校層級、導師的班級層級，以及輔導室專業人員支援層級，共同合作達成。

2. 次級預防：次級預防為針對偏差行為邊緣的學生進行較為專業的輔導諮商，及早對高風險學生進行輔導，以降低不良事件發生的機率，或減輕已發生問題的嚴重性。次級預防以個別化原則，由輔導室專業人員主要負責，協助超出導師輔導知能外之專業任務。

3. 三級預防：屬「治療與追蹤層次」，著重危機的調適，針對偏差行為及嚴重適應困難學生進行專業的矯治諮商及身心復健。必須採用個別、密集、連續、長期的介入。三級處遇性輔導以跨專業資源整合原則，由學生輔導中心專業人員主責，進行高度專業的輔導工作。輔導對象可能包括涉入家庭貧窮、家庭暴力、兒童虐待、性侵害、未成年懷孕、未成年親職、脆弱兒童與家庭、毒品、幫派、犯刑、精神疾患等。

　　無論在學習議題或行為事件上，均希望藉由較低層級預防的方案，引導每一位學生在自己的生命中過著健康快樂的人生。

四 課程／活動設計

(一) 網路成癮傾向評估

　　對於過度沉迷網路的學生首要之務是了解使孩子沉迷其中的原因，及網路世界是如何改變孩子的生活（杜玉卿等人，2015）。引導學生以表6-4覺察與調整網路／3C產品對學習的干擾程度，以及其願意承認它而做調整嗎？

表6-4 網路／3C產品對我學習的干擾檢視

行為	同意*	我今後要做的調整%
1.我每天會花超過3小時時間上網（不含課業相關任務）		
2.我因為沉迷網路而與家人起爭執或與家人關係疏遠		
3.我不斷地要注意手機或社群媒體的訊息		
4.除了上線（遊戲或社群互動），其他事我不會主動想去做		
5.我很容易陷入手機／線上行動，而耽誤了應該要做的事		

*填入分數（1-5分），1代表很不同意，5代表很同意。
%寫出你今後要做的調整。
註：前途是個人自己的，要忠實地幫自己評分，若有不當，下定決心改變吧！

(二) 借別人來教孩子 ── 社會學習理論

　　有時候為了不要與子女學生正面衝突，避免破壞關係，可以藉由別人的例子來教導。也就是你對別人的說法、批評，其實用意是希望子女學生能從中學習或調整。例如小Q沉迷於線上遊戲，如果父母不斷地指責小孩沒救了，且孩子又是習得無助的學生，他終究會自我放棄，在人生中尋求自己有把握的事，如更沉迷線上遊戲，或與「志同道合」的人「混幫派」等。因此，在孩子有一絲變質的跡象時，可以用較不衝突的方法引導孩子走向適切的路程上。表6-5是可以運用社會學習理論（見第七記）的情境。

表6-5 社會學習理論運用時機與技巧

目標	運用時機	技巧	範例
□調整網路沉迷	線上遊戲時間越來越多，課業表現明顯退步。	說別人的故事給孩子聽	與教授聊天，說有位學生本來功課很好，沉迷於線上遊戲，結果原本表現亮眼的課業成為墊底，前途堪憂。

目標	運用時機	技巧	範例
□改造學習	要做測驗前先心理建設，讓孩子期待這個測驗對他是有幫助的而願意改變。	說一位表弟的故事	在孩子面前，阿姨聊自己的兒子本來功課很差，做了那個測驗後學到方法加上很用功，現在功課進步很多。
□處理行為不當	孩子總存有僥倖不會被發現的心態。	電視新聞中的偷竊事件	拜託，這小偷以爲別人不會發現，只要有做，遲早會被抓到，這下子要做牢了。
□調整禮儀不佳	不願意對人打招呼。	引導孩子關注別人的正向表現	哇！那位工讀服務生好熱情、有禮貌，臉上都掛著微笑，一副就是讓老闆想疼想加薪的孩子。

透視鏡

第十八記

處事雜亂的國中學生
—— 解決生活問題

　　我常遇到父母怪罪小孩都教不來，了解其中問題卻發現正是父母沒有用適當的方法，或者沒有以已經約定的規則澈底去教導或去互動。

 一 情境

　　暑假期間小R一個人在家，小R父母怕她生活虛度無重心，因此安排一些事務給小R做，例如背英文單字2000、晒衣服、洗米、搜尋規劃家族旅遊等。但小R做事溫吞又常常丟三落四，很多事情講一步做一步、三催四請的，父母不堪其擾，最後乾脆不想麻煩而不叫她做了。小R的個人生活事務也處理得零零落落地，總是很雜亂，效率很差。雖然小R只是一位國中生，但顯然這個特質若不調整，成為其人格特性，必然影響其人際關係及未來職場上工作的態度與效率。

二 對話

(一) 不接納的對話

▶ 小R爸：「小R，吃飽後把明天要返校的東西準備好，記得先去洗把臉、刷好牙。」

▶ 小R：「好，我去準備……」

▶ 小R爸：「小R，叫你記得先去洗臉、刷牙，你怎麼沒有做？」

▶ 小R：「哦，對喔……」

▶ 小R爸：「你怎麼書包開著沒關，明天要返校的東西到底準備好了沒？」

　　使用「到底」這樣的詞彙已經設定了小R的行事結果，應該少

用。

▶ 小R爸：「要講幾次？事情總是做不好，以後能做什麼事呢？」

這樣的對話呈現諷刺的味道，是在否定孩子，其實並沒有對小R做任何教導。

(二) 媽寶與寶媽

▶ 小R：「媽媽，為什麼要選這個？」

▶ 媽媽：「相信媽媽，反正就是那樣比較好。」

這樣的對話會讓孩子漸漸失去觀察、分析探究的能力，待需要她自己處理事務時，便容易出現雜亂依賴他人的現象。

(三) 分析能力訓練

• 小R：「爸爸，為什麼要選這個？」

• 爸爸：「你可以從外觀、特性、功能等去給分，比較一下這兩個之間有什麼差別。」

爸爸心理上信任小R做得到，而放手給予任務，並提供具體的做法。

• 小R：「爸爸，我不知道要做什麼專題？」

• 爸爸：「先說說看，你想做的任何事。」

爸爸用討論的方式協助小R思考自己的任務（專題主題的構思，可另參考陳麗如，2023a）。

(四) 具有教導的對話

爸爸計畫著如何調整小R丟三落四、拖泥帶水的行事風格。

- 小R爸：「小R，你把明天要返校的東西準備好了嗎？」
- 小R：「好，我去準備……」
- 小R爸：「來，我們把今天要做的事及明天要交的事項一條一條列出來，並計畫一下做這些事的時間。」
- 小R爸引導小R檢視今天學校各科課程任務有沒有全部列出，討論規劃做事的時間，並搭配檢核表進行具體的引導。
- 小R爸：「哇！列得好清楚哦！那我們來設定鬧鐘提醒檢查的時間，這樣就可以不漏掉地一條一條完成。」

　　小R爸爸同時搭配生活筆記訓練，讓小R的生活更有條理。如此，便在訓練小R的處事能力。

三 知識點

(一) 時間管理

　　時間管理是有效地運用時間，透過事先規劃，進行實踐任務的提醒與指引，因此時間管理必須建立在目標管理上（杜玉卿等人，2015）。美國總統艾森豪（Eisenhower）提出「時間管理的四個象限」模式，以事務的「緊急程度」與「重要程度」為向度進行分類，以便規劃安排做事的時程，包括：重要且緊急、重要但不緊急、不重要但緊急、不重要且不緊急。

　　學生若能學得這樣的概念並運用於事務的規劃，則處事便可以具有較明確的原則。

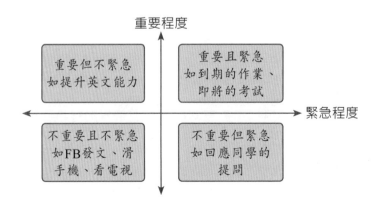

(二) 記憶與遺忘

記憶是腦中儲存資訊的形式，記憶成效影響著一個人行事的效率、學習的優劣等，常成為個人智商判斷的準則。記憶工作具有幾種效應：(1)初始效應（primacy effect）：最初的學習材料較容易記憶；(2)時近效應（recency effect）：課程結束前或文章末尾的學習材料較容易記憶；(3)閃光燈效應（flashbulb effect）：引人震撼的學習材料能印象深刻，較容易記憶；(4)萊斯托夫效應（Restorff effect）：特殊的學習材料較容易記憶（Radvansky, Gibson, & McNerney, 2011）。增進記憶的方法相當多，例如經過編碼可增進記憶。在必須反應至環境時，將儲存在記憶中的訊息再經過心理運作的解碼檢索反應到環境中。又例如心智圖技巧（見第八記）可使雜亂的事情有結構地陳列，也會有利於記憶。

人腦不可能無止盡地儲存所有資訊，遺忘是記憶任務中重要的機制，它使人腦過濾掉多餘的訊息，僅保留重要的部分，藉此減輕大腦空間壓力。遺忘的因素非常多，個人體質、時間、心理狀況、生理狀態、事件本身等均會影響遺忘的程度。探討遺忘現象的論點有多種，包括（Lew, Pashler, & Vul, 2016）：

1. 記憶痕跡消逝—消退理論：學習活動後在腦部會遺留痕跡，若經過一段時間訊息不被利用，則原來留下的痕跡經過新陳代謝作用之後，會逐漸消失。
2. 記憶干擾—干擾理論：新舊學習材料彼此影響，記憶會被抑制或干擾。
3. 失去關鍵要素—舌尖現象：個體在對人名、物名及文字編碼時，同時將之編成形碼、聲碼、意碼，並將其儲存於長期記憶中。當原刺激物出現時，在檢索過程或解碼順利時，則三種編碼一起呈現而正確反應。若只能解出形碼與意碼，無法說出正確的聲碼，則形成舌尖現象，即：對於某些特定名稱雖然知道，但當下卻無法順利取得訊息，猶如這些事物躍躍欲出，在舌尖上即將出現卻又縮回去的現象。
4. 動機性遺忘：某些記憶使人出現難過、焦慮等負向情緒。此時意識可

能會自動地透過遺忘以避免再次經歷不愉快的情緒。

5. **機體性遺忘**：因為外來創傷或是因年長出現生物機體上的損傷，而造成記憶能力缺陷。

(三) 自我認定

Erikson 1963年提出人格發展八個週期（見第二十八記），其中第五個階段是青年期，青年期的危機或衝突為自我認定。當兒童進入青年期後，個人認知發展逐漸成熟，對自我有穩定的期待與要求，而具有健康的自我概念。在面對新環境時，會將過去的經驗、目前的知覺與對未來的期望產生關聯，形成一個適於自己的「自我」。在青少年能順利達到自我認定時，思想與行為就會更加協調一致，能更積極主動地開創前途。如果青年期的自我認定發展不順利，就會形成「自我認定混淆」（identity confusion）的現象，做事及對自我無太多的期許，嚴重時便出現「懷疑人生」等的消極人生觀，形成發展危機（developmental crisis），也將影響以後各階段的人格發展。

四 課程／活動設計

(一) 時間管理：今日的6小時

在某個假日請學生回顧當天早上起床後6小時內做的事，省思自己在其中花費時間的情形。主要目的讓學生感受時間管理的問題，以及引導學生願意調整。例如小R可能藉由此活動，而覺察自己的行為效率。

表6-6 時間管理檢視

§ 今天那6小時 §

以一個假日起床後的6小時時間為例，檢視時間利用的習慣與問題。
回想 _____ 點到 _____ 點我所做的事，並評估其對自己而言是浪費時間或有意義的時間及其時長。以下以每個小時為單位進行六個時段檢視。

	起	迄	事情內容	浪費時長	有意義時長
1					
2					
3					
4					
5					
6					
小計					

◆以上，浪費時長比率：＿＿＿＿＿＿＿；有意義時長比率：＿＿＿＿＿＿＿。
　（以6小時為分母，浪費或有意義時長為分子）

§ 我的時間運用 §

從此六個小時檢視，反省平常運用時間的情形：

◆怎樣善用時間？效益如何？1.＿＿＿＿＿＿＿＿＿＿＿＿＿＿＿＿＿＿＿＿＿＿

　　　　　　　　　　　　　　2.＿＿＿＿＿＿＿＿＿＿＿＿＿＿＿＿＿＿＿＿＿＿

◆怎樣浪費時間？後果如何？1.＿＿＿＿＿＿＿＿＿＿＿＿＿＿＿＿＿＿＿＿＿＿

　　　　　　　　　　　　　　2.＿＿＿＿＿＿＿＿＿＿＿＿＿＿＿＿＿＿＿＿＿＿

摘自：陳麗如（2016）

(二) 生活筆記訓練

　　學生若常常丟三落四的，可能是專注力不佳或習慣不去記憶的現象，除了放聲思考外（見第二十一記），另可訓練學生進行生活筆記的訓練，這有別於家庭聯絡簿。家庭聯絡簿是以學校的課業與事務為中心。而生活筆記包含個人所有事務，將需要完成及計畫完成的事務行程做記錄。如果學生不會分辨或覺察能力弱，不會記下重要事務，則訓練初期需要他人做提醒，例如說：「剛才爸爸說什麼？來，記下來『明天下午三點要出門去奶奶家』。」

　　另外，很多時候學生做了記錄卻仍因為沒有再檢核追蹤，以至於仍沒有完成該任務。此時便需要學生養成追蹤檢核動作的習慣，一開始時也可以鬧鐘設定每天幾個時間點提醒做檢核的動作。而後學生可能養成習慣於前一天晚上睡前，檢核生活筆記內容。

後 記

課綱元素
—— 生活素養深化

一 生活素養深化對話檢視

針對本課各記案例中之對話,檢視負向元素及正向元素。

表6-7 生活素養深化的對話檢視

負向元素		正向元素	
□16.沒有給予任務	□16.未處理消極態度	○16.引導任務	○16.共同討論困難
□17.死刑式的評論	□17.破壞關係	○17.協助發現矛盾點	○17.引發正向的元素
□18.使用「到底」等不耐煩詞句	□18.只有「下令」,沒有理由	○18.抓住動機引導想方法	○18.增強適當的行為

*檢視勾選與學生互動對話的元素。
*□為以具有負向的訊息進行溝通,○為能適當運用正向訊息進行溝通。
*各項之數字為在各記案例中的對話,讀者可對照案例情境以掌握其意義。

二 生活素養深化之課綱元素

素養強調能將所學運用於生活之中,能解決生活問題方具有素養。素養乃國教課綱重要教育目標之一。

(一) 資訊與媒體

資訊的運用與處理的培養是核心素養中「溝通互動」面向中「科技資訊、媒體素養」項下的重要元素,期待學生具有分析能力。

　　媒體與資訊素養議題隨著科技發展，朝向跨領域趨勢，其目標不只是單純取得資料，更要求形成及管理知識、批判思考的表現，也從分析、近用媒體內容，進一步朝向社會實踐的目標。媒體素養課程透過跨領域平臺、整合式課程推動的教學型態進行，即部分共同授課、共同討論跨領域問題、共同成果報告的協同學習方式（媒體素養教育資源網，2022）。

(二) 善用工具

　　108課綱總綱指出溝通互動為三面核心素養之一大面向，強調「學習者應能廣泛運用各種工具，有效與他人及環境互動。這些工具包括物質工具和社會文化工具，前者如人造物（教具、學習工具、文具、玩具、載具等）、科技（含輔助科技）與資訊等，後者如語言（口語、手語）、文字及數學符號等。工具不是被動的媒介，而是人我與環境間正向互動的管道。此外，藝術也是重要的溝通工具。」

　　如何自製工具實現自我管理各種行為，也是善用工具之一項能力。本書之各種檢核表即是培育個人生活素養的良好工具。

> **透視鏡**
>
> ### 愛因斯坦是素養教育學家
>
> 　　將課堂上所學的東西完全忘記之後，剩下的才是真正的教育。（Education is what remains after one has forgotten everything he learned in school. ～～by Albert Einstein）

第七課

適性揚才

　　每個人都有其權益追求個人的興趣、建築自己的生涯夢想，在努力之下有機會築夢踏實。適性揚才是國民基本教育的重要培育目標，每位學生皆有其學習方向與學習使命。為此，學生應掌握個人的優勢與限制，包括特殊教育學生，然後才能在保障個人的學習權益中增進學習效益。

　　特殊教育學生具有別於大部分學生的學習與生活需求，因此需要特殊教育以適性學習方得以適性揚才。因為障礙的限制，使他們在追求夢想過程中容易受到阻礙。特殊教育學生如何在現實條件下衡量限制後發展策略，便需要比一般學生考量更多的條件。目前我國在《特殊教育法》（2019）陳列的身心障礙學生有十三類需求，資賦優異學生有六類（見第二十二記）。前者包括智能障礙、視覺障礙、聽覺障礙、語言障礙、肢體障礙、腦性麻痺、身體病弱、情緒行為障礙、學習障礙、多重障礙、自閉症、發展遲緩及其他類別（身心障礙及資賦優異學生鑑定辦法，2013）。

　　對於認知學習表現有困難的學生，在閱讀、學習效益上均會受到很大的限制，包括智能障礙、學習障礙，以及具有專注力缺陷的其他學生等，此部分在本書第一課學習力及第三課閱讀素養上陸續提及。本課以身體功能受限的特教生為主軸進行描述。雖然是以特教生為例，但其中各種策略仍相當適合運用在一般生的輔導與教育。

第十九記

拒絕面對問題的視覺障礙國中生
—— 知命、安命與造命

那位孩子很辛苦地與病魔對抗，而且他一直相信自己很快就會痊癒了。病症的發展卻與自己的預期完全相反，使他強烈地感到沮喪與不安。

 一 情境

小S是個聰明的孩子，期許自己有好的學習成果，7年級時因為視網膜病變導致視力快速退化，如今9年級的小S視力已近全盲，為重度視覺障礙者。她一方面很希望自己課業不要落後，另一方面因為一直無法接受自己是看不見的，而不願意接受特殊教育的介入。她拒絕運用老師們為她評估規劃的視覺輔具進行學習，以至於學習受到很大的影響，生理與課業兩方面的壓力加乘擴大。

二 對話

(一) 無法作為的對話
▶ 林老師：「明天有視覺障礙教育的巡迴輔導老師來教小S定向行動技巧。」
▶ 小S：「老師，不用，我要上國文課。」
▶ 林老師：「那麼，下週三上午老師要幫你評估適合的輔具，讓你更方便學習。」
▶ 小S：「不用，我很快就看得見了！我不需要輔具。」

林老師知道雖然已經三年了，但小S心理上仍無法接受自己的病

症，她一直等待著視力恢復的那一天，林老師不敢積極要求小S接受特殊需求課程。

(二)引導接納限制的對話

- 陳老師：「小S，林老師要幫你評估適合的輔具。」
- 小S：「不用，我很快就看得見了！我不需要輔具。」
- 陳老師：「老師知道小S正在治療，但是醫師是不是說還要治療一陣子？」
- 小S：「對。」
- 陳老師：「如果我們等到治療好再來學習，現在會因為比較看不清楚而錯過很多課程。這樣以後就會因為學習基礎不好，而學不來更深的課程。」
- 小S：「……」

陳老師知道如果課業表現更差，小S將會更擔心。陳老師感受到小S此時若有所思，於是說：「我們可以一邊治療、一邊先用輔具幫忙提升學習效果，等到視力較好了就可以減少對輔具的依賴。以後也不怕因為進度落後、基礎不好，而學不好。」

透視鏡

知命、安命、造命

不論是先天或後天的原因造成生理上的限制，不少障礙的學生在心理上一直不能接受自己的狀態，以至於不能真切提出需求而影響其適應能力，及限制了其發揮能力的程度。輔導學生做到「知命、安命、造命」為生命教育的內涵。

意即：知道自己的狀態及限制、接受此狀態及限制，與其自在相處、在自己的限制之下發展優勢，創造自己的生命力。

這樣的立論也適合應用在一般學生或人士身上，這不是認輸，而是適性創造自我實現的機會。

三　知識點

(一) 視覺障礙學生

　　視覺障礙指由於先天或後天原因，導致視覺器官之構造缺損，或機能發生部分或全部之障礙，經矯正後其視覺辨認仍有困難者。其鑑定基準依下列各款規定之（身心障礙及資賦優異學生鑑定辦法，2013）：

1. 視力經最佳矯正後，依萬國式視力表所測定優眼視力未達0.3或視野（visual fields）在20度以內。
2. 視力無法以前款視力表測定時，以其他經醫學專業採認之檢查方式測定後認定。

　　其中視力是指視力覺知到物體遠近的能力，視野是指覺知到物體的視力角度範圍。視野缺損乃因為存在視力盲點或因為視敏度下降而導致，有多種類型，如邊緣視野缺損、中心視野缺損、弓形視野缺損、鼻側階梯視野缺損、顳側扇形視野缺損等各種缺損型態。

> **透視鏡**
>
> ## 弱視（amblyopia）、低視能（low vision）與全盲（blind）
>
> 　　一般全盲是指視覺障礙程度在0.01以下者，大約地說即視力正常者100公分看得到的距離，受檢者必須在1公分處才能看得到。大部分全盲者有光覺，少部分沒有光覺，即無法感受到是白天或黑夜。
>
> 　　弱視在醫學上特別指眼睛無病理上的損傷，但是卻看不清楚的病症。弱視者無法利用光學鏡片等方式矯正視力，但可以把握弱視治療的黃金時間，使用眼科醫療介入以恢復幼童弱視眼的視力。
>
> 　　低視能是指因為老化、疾病、或傷害使得視力減退，難以藉由醫療介入回復原有視力（許明木等人，2017）。

(二) 定向行動訓練

　　定向行動涉及肢體功能，如果學生肢體功能不佳，應與功能性動作訓練科目結合。進行定向行動訓練時也與一般學習領域配合，例如「概念發展與統整」與數學領域有關，「行動技能與健康」與體育領域有關（教育部，2019）。對於視覺障礙學生，環境定向行動為其適應生活、獨立自主的必需能力。依據108課綱中《十二年國民基本教育身心障礙相關之特殊需求領域課程綱要》，定向行動的學習表現包括：具備定向能力（特定1）、獨立行動（特定2）、倡議宣導（特定3）等三個向度；定向行動的學習內容包括：感覺訓練（特定A）、概念發展與統整（特定B）、定向系統與應用（特定C）、行動技能與運用（特定D）、求助禮儀與自我倡議（特定E）五個主題（教育部，2019）。

(三) 功能性視覺（functional vision）

　　為了協助視覺障礙學生發展生活與學習策略，便應該與其視覺功能結合，進行功能性視覺評估可以達到此目的。功能性視覺是指個體於日常情境使用其剩餘視覺（residual vision）從事日常活動的行為能力（張千惠，2004）。功能性視覺評估在了解視覺所表現出來的生活功能行為，得以了解在自然情境中個人從事功能性活動的視覺條件與限制。在不同環境、活動或視力狀態，都可能有不同的狀況，因此應該在受評者可能生活的常在環境分別予以評估，例如家庭環境、學習環境、或工作環境等。在經過評估後，可以發展提升視覺功能的策略與輔具，以達適應目的。

透視鏡

視覺 v.s. 視知覺

　　視覺指視力，視知覺指透過視覺系統感知到的內容。視力正常的人，視知覺未必正常。視知覺不佳者所看到內容會出現覺知偏差的情形，輕微者會出現閱讀緩慢等情形，嚴重者則可能出現經常跳字、跳行、讀錯等的學習行為，為學習障礙者的常見問題。

從一雜亂圖片中找出特定物體所在、比較二個物體的不同處，以及辨別相似字的差異等，都是很好的視知覺辨識訓練（cue表1-1）。

透視鏡

視障朋友的輔具──Be My Eyes

這是一個手機APP的輔助系統，視障朋友在遇到需要視力協助時可以求助，系統會配對同語言的志願者，予以語音訊息告知視障朋友。

例如協助看讀眼前的公車站牌、協助看手邊的食品有沒有過期等。

四 課程／活動設計

(一) 功能性視覺評估

功能性視覺受到視力或視野等視覺系統的限制，而影響在生活中的表現，然而其限制的面向及影響行動適應表現因人而異。表7-1乃功能性視覺評估常進行的向度，視障學生之師長或家人可以其中向度，思考受評者在生活中的限制及視力功能。

表7-1 功能性視覺評估

	視覺行為	評估標準
1.	尋找光源	能順利尋找亮光處或發光物。
2.	注視	會盯著某物看。
3.	視覺敏銳度（近、中、遠距離）	在各種距離範圍內所能看到的最小物品之大小（長、寬、高）。
4.	視野	不轉動頭部，所能看到的最寬廣角度。

	視覺行為	評估標準
5.	掃描能力	能順著一個方向尋找靜態物品。
6.	追蹤能力	能循著移動中的物體移動（尋找動態人、事、物）。
7.	搜尋能力	能以不定方向形式尋找物品。
8.	眼肌平衡	瞳孔自然地位於眼睛的正中央。
9.	遠近調適力	能否在遠距離（眼睛與物品相距約3公尺或以上）與近距離（讀書寫字的距離；眼睛與物品相距約30至50公分）之間快速對焦。亦即，當抬頭看遠處物品時，是否立刻看清楚該物品。當低頭時，是否立刻看清楚近處物品。
10.	注視力移轉	視覺注意力能否從甲物移轉至乙物。
11.	色覺	對顏色的認知能力。
12.	複雜背景辨識力	在背景複雜的圖片中，能否分辨主題物。
13.	手眼協調	看到物品時，能精準抓握到該物品。
14.	反光敏感度	感受到強烈反光時，會瞇起眼睛、揉眼睛、流淚或將頭轉離該物。
15.	腳眼協調	腳能精準踩到地上目標物品。
16.	各種情境與不同強弱光線下，使用視覺從事各項活動	如：教室內、走廊上、操場上、餐廳、商店。

整理自張千惠，2004。

(二) 聽覺與視覺輔助學習

　　學習主要透過視覺管道、聽覺管道或動作管道等，每個人的優勢學習管道有所差異。學生若能確認自己的優勢管道予以善用或訓練，則可以增進學習效益。

1. **聽覺輔助學習**（cue表1-1）：聽覺學習效益（包括聽覺記憶與聽覺專注力）佳的學生為**聽覺優勢學生**。若是聽覺學習優勢或視覺學習管道受限的學生，則可善用聽覺輔助學習，例如將課文內容錄音，以便在

搭車、休閒、睡前等時候聽取。對視力正常的學生，錄音過程已經慎重地讀一遍，即產生一定的成效。如果能搭配關鍵字方法（見第八記），則可以更「用心」去閱讀並予以加強語氣錄音，效果會更好。

2. **視覺輔助學習**（cue表1-1）：視覺學習效益（包括視覺記憶與視覺專注力）佳的學生為視覺學習優勢。若是視覺學習優勢或聽覺學習管道受限的學生，則可善用視覺輔助學習，學習時要配合文字、圖像等視覺系統進行閱讀，例如藉由畫關鍵字（見第八記）等視覺輔助學習、在老師講課時同時注意目前課本的位置、注意老師的板書、或簡報檔內的文字及圖片。另外，運用心智圖（見第八記）的視覺輔助學習也是很好的策略。

透視鏡

第二十記

不敢追逐夢想的聽覺障礙男孩
—— 築夢與實踐

　　我常常看到融合教育環境中的聽覺障礙學生總是默默地在場域中的一角，或者在場域外看著場域內同學的眼神。他們在同儕中像一隻孤鳥，實在不捨。大部分的聽覺障礙學生智力不差，卻受到溝通的限制常常難以發揮潛能。

 一　情境

　　小T是重度聽覺障礙學生，高職時就讀啟聰學校，因為成績不錯，順利進入國立大學的餐飲科就學。在融合教育的環境下再難以使用手語溝通，小T總是以「好」回應對談者，但其實並未抓準對方的訊息。另外，小T講話總是很急促，在焦慮時，如果又在時間限制下，往往使溝通品質更差。課堂中不知道要做什麼，看大家看著他的眼神，猜測可能老師要他回答問題，他站了起來，又同時覺得應該坐下來。因為缺少重要的語音訊息只能用視線決定該何去何從，不管在學習上或生活上，常常手足無措，失去準確的方向。與小T溝通的同儕或師長越來越少，溝通的時間也越來越短。小T常常處在獨來獨往的生活型態，在大家歡樂談話時也只能在團體之外猜想他們在講什麼。

　　每個人都有自己的夢想，但小T因為經驗受挫而調整為較其次的生涯目標。最後因為現實把理想磨光，否定自己擁有追逐夢想的條件。

特殊教育學生安置

　　爲滿足特殊教育學生的學習需求，教育政策設置各種安置型態，常見的如普通班接受特殊教育服務、資源班、自足式特殊教育班、自足式特殊教育學校等。目前臺灣設置的特殊教育學校有以招收重度聽覺障礙學生爲主的啟聰特殊教育學校、以招生重度視覺障礙學生爲主的啟明特殊教育學校，以及以招生重度智能障礙學生爲主的綜合型特殊教育學校等。

二 對話

(一) 未完整溝通的對話

▶ 林老師：「你下週把這一章與化學變化有關的專有名詞整理出來，我們來討論。」

▶ 小T：「好！」

　　隔一週小T交了一份作業，完全不是老師指定的作業，小T沒有接收到老師給予的訊息。林老師體察小T的辛苦與困難，也不再要求補交。而小T從老師的神情反應感受到自己好像做錯了，但老師沒再說什麼，他也不知從何問起。

　　常常在對話過程中，小T會因為未理解對話的語意，就以「好」或點頭回應而出現誤解的情形。在對話時這樣的溝通模式是不好的習慣，久而久之所學到的內容不扎實，學生也就只在自己放心的範圍內行事，不敢嘗試新的事物，對自己的評價和期待也隨之越來越降低。不只在聽覺障礙學生身上常發生，在智能障礙學生、專注力缺陷學生，以及一般學生也會出現此情形。

(二) 剝奪學習權益的對話

▶ 小T：「老師，我不知道這個怎麼組裝。」

▶ 林老師：「小美幫忙小T組裝。」「小T你如果不會沒關係，讓同學幫你。」

▶ 小T：「好！」

在融合教育環境（見第十三記）中，很多時候特殊教育學生因為受到「體恤」而享有特權。例如怕小T無法正確取得重要規則，擔心小T自我保護措施不夠，於是成為全班唯一可以不用上刀工課程的學生；也因為小T無法準確接收某個智慧型的電器操作流程，於是對其操作品質給予彈性，許多成品只要有交就好，品質不重要。這樣的「特權」使小T很多課程學不到半套，其實是對小T學習權益的剝奪。

(三) 維護權益的對話

• 小T：「老師，我不知道這個怎麼組裝？」

• 陳老師：「是完全不會，還是不會其中一部分？」陳老師猜想應該是小T沒有跟上老師的說明。

• 小T：「不知道。」

• 陳老師：「老師請小志指導你把步驟分析一下，你不會的地方就記起來或做筆記。」

• 小T：「好！」

教師上課時因為要顧及全班同學，因此安排小志協助小T做工作分析（見第九記），並引導小T一一檢核工作程序。

 **三 知識點**

(一) 聽覺障礙學生

聽覺障礙指由於聽覺器官之構造缺損或功能異常，導致聽覺參與活動之能力受到限制者。其鑑定基準如下（身心障礙及資賦優異學生鑑定

辦法，2013）：

1. 接受行為式純音聽力檢查（pure tone audiometry, PTA）後，其優耳之500赫、1,000赫、2,000赫聽閾平均值，6歲以下達21分貝（dBA）以上者；7歲以上達25分貝以上。
2. 聽力無法以前款行為式純音聽力測定時，以聽覺電生理檢查方式測定後認定。

(二) 純音聽力檢查

　　純音聽力檢查是了解受測者不同頻率聽覺行為的最基本方法，純音聽力檢查結果的圖示，稱為「聽力圖」（audiogram）。以圖7-1而言，受測者聽力損失以3,000至4,000Hz處最為嚴重，左耳約聽損83分貝，右耳約聽損75分貝，因此其優耳為右耳。

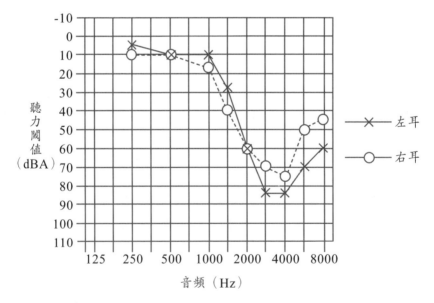

圖7-1　純音聽力檢查圖

(三) 生命腳本（life scripts）

　　腳本（scripts）可定義為「生活計畫」，生命腳本被認為是一個人在他生命歷程中必得演出的一幕舞臺劇。精神科醫師Berne除了提出PAC人格結構理論（見第十三記）外，也提出腳本分析理論，指出腳本的形成過程是透過個人生活經驗後在心理上認定是如何，並在之後強化那個行為腳本，在之後的生命歷程中影響著個人往那個狀態發展。例如一個人在幼年時期接收到來自父母的「禁止令」，可能因而形成束縛自己的「成見」，並且在潛意識中形成「自己一定會這樣過一生」的生命腳本，他的人生就照著這個腳本發展。受「禁止令」的影響越深，越容易寫出負面的生命腳本。透過記憶的回溯分析，可以藉由描述自己的感受以及自我評斷，進而改寫「生命腳本」〔張佳雯（譯），2016〕。Berne指出生命腳本中可能形成四種不同的生活態度：

1. 我不好－你好：常認為自己不行，無法像別人做得那麼好。在其心理與行動上常出現自卑、退縮、沮喪。例如從小小T母親對著親友說：「這長大誰會娶她？」小T婚姻就會走向以後不會有婚姻或婚姻會悲慘的腳本。
2. 我不好－你不好：對生活總是失去興趣，否定自己也否定別人，生命中充斥負能量，具有悲觀的人生觀。
3. 我好－你不好：覺得自己總是被人傷害或欺侮，容易把不幸歸咎於他人。犯刑者經常屬於這種類型，因為懷疑別人而認為對方會威脅到自己的處境，容易基於自我保護或不甘示弱的心理而去傷害別人。
4. 我好－你好：能建設性地面對生活中的問題，接受每個人的特殊性，對自己有信心並對人信任。

　　個人可以省思自己的生命腳本內涵與對人、對事的經常態度，以便調整到更好的狀態。

四 課程／活動設計

(一) 提升溝通效益

　　由於已經相當習慣無聲的日子，讓聽覺障礙學生很難有機會沉澱整理出自己的問題，也就難以達到應有的成就。師長應陪著他們去發展策略，以踏實聽覺障礙者的生涯藍圖。另一方面，當一個人越要掩飾不可能改變的限制時，越無法理性去處理這個限制所出現的問題。如果聽覺障礙者沒有說明自己的限制，很容易因為沒有安全感而更溝通不良，也很容易讓不熟悉的人誤會為是個白目、太賤、高傲等，成為不受歡迎的人。因為溝通不良是事實，與其讓他人誤會，不如先表達當前的難題，以便得到他人的同理，也才能有比較好的訊息傳遞品質。若對方在說明後還是不能接納，則是對方個人修為問題，也不因此埋怨對方或自責。

　　聽覺障礙者在生涯發展上的問題多是因為溝通限制引起。在輔導上首先應引導學生正視自己的限制，再發展策略，尤其在離校前安排個別化轉銜需求評估（見第二十六記）能充分表達自己的限制，釐清是否存在焦慮、擔心的情緒，主導自己的應對，以便有更好的處事績效。建議師長能陪著學生在轉銜前，把所需要的策略整理後列出清單。如表7-2是針對小T實習可能出現的困擾進行分析，並發展策略。如此學生才有能力與機會發揮自己的就業成績。

表7-2　分析聽覺障礙學生職場可能出現的困擾與發展策略（範例）

對象	困擾／擔心的事	因應策略
所有人	構音不佳	列出常應對話語，反覆矯正訓練。例如「您好，請問您要點什麼？」
所有人	焦慮時溝通更不良	意識自己的情緒狀況，及以深呼吸進行焦慮情緒管理。
所有人	與一般人對談，別人顯現不耐煩	說「對不起，耽誤您的時間了」或「謝謝您耐心聽我說」。
客人	不知道客人在叫我	招待時即送一張小紙條，誠懇表明自己的限制及告知可在眼前揮手提醒。

對象	困擾／擔心的事	因應策略
客人	看到客人生氣時不知道怎麼辦	寫：對不起惹您生氣了，我聽力不好，可否請您再說一次。

註：與生態評量結合運用，更能因應學生的狀態，發展所需的策略。

透視鏡

生態評量（ecological assessment）

　　為了使個體在環境中適應良好，便應該了解其所在生態環境行為的需求，而後進行學習。生態評量對學生在各種生態環境中的能力需求進行分析，可依以規劃學生優先學習的實用內容（陳麗如，2021）。

(二) 自我構音調整

　　許多聽覺障礙學生雖然小時候曾經安排語言治療課程，但是因為小時候懵懂且生活視野限制，難以體驗溝通的重要，以至於治療的效益並非最大化。在教育階段有教師、同學的包容，用逃避溝通或「讓對方等待」的情境往往過得去。但是職場是現實的、是講究效率的，尤其在必須與人互動的職場情境中常常存在相當的壓力，準確表達的需求就提高許多。如果這時候做訓練較容易因為動機強烈而常有一定的改善，因此建議持續構音的訓練。如果能配合生態評量，先評估找出在生活中及職場中常出現的句子，精準反覆地矯正，久而久之將能提高構音的正確性及正確構音的量。

　　可以手機語音輸入進行構音訓練，例如Google Map找地圖、網路瀏覽器查找資料、語音點歌，然後看手機是否呈現輸入的目標，以此回饋修正自己的發音問題。若能先安排語言治療評估，則可以依治療師的建議專門輸入有限制的語音或詞句進行聚焦訓練，更能對症下藥進行調整。

　　對於一般聽力正常的幼童，在發展語言過程也常有構音的問題，此方法也很適合成為幼童居家正音訓練的課程。

第二十一記

一班兩制的特教評量難題
—— 適性教育

　　我處理過不少校園內特殊教育學生申訴案件，審議結果常見的是因為師長未能掌握目前的法規而觸法。融合教育型態為國際教育常態，主張只要環境做適切調整，任何一位學生將能在環境中適性學習。CRPD（《身心障礙者權利公約》）的權益則維護了每一位身心障礙者各面向的權益，其中在學習面向包括因應學生學習的條件安排學習與評量支持系統。

　　在課程中最容易引起學生沮喪的是評量的成績，這「成績」也常常是學生挫折的來源，成為學生自主學習的殺手。如何適時、適性及適當評量，成為每一位教師應具有的素養。

一 情境

　　就讀幼兒教育系的大專生小U是頑性癲癇患者，因為服用藥物的副作用常常處於昏睡狀況，有時遇到病症發作便只能躺在床上休息。小U為此擔心進行課程評量時不能一次完成，無法達到預期的順利，因此爭取評量調整，召開會議後於其ISP中陳列：「在身體無法適應長時間考試時，需要任課教師安排分段考試。」

二 對話

(一) 專業堅持卻無特殊教育的課程

　　林老師是位盡職的教師，對個人的專業也相當堅持。

▶ 小U：「老師，我會因為發病及吃藥的副作用而嗜睡，而若病發時體力無法負荷，則我需要分段考試。」

▶ 林老師：「我看你課堂中常常在睡覺，學習態度不佳，老師無法滿足你這種考試調整的要求。」

▶ 小U：「我上課睡覺是吃藥的副作用，但我仍然在體力狀況好時有把課業補起來，而且我都努力地完成作業。」

▶ 林老師：「我希望你在專業學習能有一定的成效，不然老師還是無法給你通過，因為我要維持未來被你服務的那些幼兒的權益。」

　　大學教師自主，顯然林老師有其專業的堅持，認為必須對自己的課程負責任。然而若小U的ISP已經由專業評估後確認有此特殊教育需求，若未執行，便是損傷了小U的學習權益。

(二) 執行特殊教育的課程

• 小U：「老師，我身體會因為發病及吃藥的副作用而嗜睡，我需要分段考試。」

• 陳老師：「我有看到你ISP中有此評量調整需求，那麼我們請資源教室老師協助部分監考作業。但你的上課態度要更積極，上課也儘量不要睡覺。」

• 小U：「我上課睡覺是吃藥的副作用，但我仍然在體力狀況好時有把課業補起來，而且我都努力地完成作業。」

　　如何準確知曉特殊教育學生的學習狀態是逃避態度還是生理限制，常常是一般任課教師難以確認的。因此大專的資源教室或中小學的特殊教育組便承擔重要的評估工作，並必須適當適時傳遞學生需求予任課教師等相關人員。而任課教師只需依據IEP或ISP的描述，提供特殊教育支持內容。

（一）零拒絕

　　各級學校對於經直轄市、縣（市）政府鑑定安置入學或依各級學校入學方式入學之身心障礙者，不得以身心障礙、尚未設置適當設施或其他理由拒絕其入學（身心障礙者權益保障法，2021）。所以學校不可以「沒有無障礙環境」為理由拒絕輪椅移行的學生，也不可以因為沒有特教老師而要求學習障礙學生轉學。前者校方應該建制、改造環境，後者教師應該進修或安排專業人力資源。

　　零拒絕的概念同時應用於就業、生活、娛樂等，即不得以身心障礙為理由拒絕其錄取工作、進入餐廳、參與活動等。

透視鏡

特殊教育學生鑑定及就學輔導會

　　教育部及各地方教育主管機關訂定發布《教育部特殊教育學生鑑定及就學輔導會組織及運作辦法》（2012），高級中等以上學校有特殊教育需求之學生主要由教育部負責辦理鑑定及輔導工作，國民中小學特殊教育學生則主要由各地方政府教育主管機關負責，包括辦理及審議特殊教育學生鑑定、安置、重新安置、輔導等相關工作事項。

　　「身心障礙證明」則由內政部主責發予，與教育部之特殊教育學生鑑定系統是不同的鑑定軌道。

（二）特殊教育學生評量

　　《身心障礙學生考試服務辦法》（2012）之目的在促使達成考試目的為原則，指出「特殊教育學生之考試服務應衡酌考生之考試科目特性、學習優勢管道及個別需求，提供適當之試場服務、輔具服務、試題（卷）調整服務、作答方式調整服務及其他必要之服務。」並且身心障

礙學生參加校內學習評量等各項評量服務，應載明於個別化教育計畫或個別化支持計畫（見第十一記）。

　　評量調整使學生在受限制的能力中，不需太執著要求與大部分同學一樣的標準，在這之中與預定目標的差距，以及學生的努力、學習成長都應成為分數的評斷指標，評量調整的功能可使學生優勢能力發揮，更是特殊教育的目的之一。

透視鏡

動物王國選大王

　　動物們覺得奔跑、游泳和飛行，是動物最重要的三項技能，於是辦了個比賽，依照三項的總分選國王。比賽前呼聲最高的是獅子、鯨魚和老鷹。結果得勝的是鴨子。因為鴨子每項40分，總分120。而獅子、鯨魚和老鷹，都是單項100分，兩項0分（柯語錄，2021）。

　　思考：你是通才，還是專才？在市場上各有優勢。作者認為國教課綱要培育的是專才知能加常識。厲害的只要一兩項，也是學生未來在職涯發展的主軸，所以大學入學考科可以考量優勢能力，自己規劃挑選應考的科目準備。但其他學科常識也不能忽略哦！淺淺地認識即可，主要是要了解各科的基本知識而後建立方法，因為它們是個人的生活之道。

(三) 特殊教育學生權益維護

　　為了維護特殊教育學生的權益，依據《特殊教育法》訂定了《特殊教育學生申訴服務辦法》，指明處理特殊教育學生申訴案件時，應設特殊教育學生申訴評議會。由於特殊教育學生具有殊異性，學校在處理特殊教育學生申訴案件時應增聘至少二人與特殊教育需求情況相關之特殊教育學者專家、特殊教育家長團體代表或其他特殊教育專業人員，擔任申訴評議委員會委員（特殊教育學生申訴服務辦法，2019）。

　　而聯合國於2006年公布《身心障礙者權利公約》（CRPD），則全面維護全球身心障礙者之權利，為聯合國促進、保障及確保身心障礙者完全及平等地享有所有人權及基本自由，促進固有尊嚴受到尊重，降低身心障礙者在社會上之不利狀態，使其得以享有公平機會參與社會之公民、政治、經濟、社會及文化領域。

　　由於國際公約內國法化，該公約已屬臺灣法規，臺灣也因此於2014年頒布《身心障礙者權利公約施行法》（2014），並建立相關措施，包括第八條指出：「身心障礙者保障之權益遭受侵害、無法或難以實施者，得依法提起訴願、訴訟或其他救濟管道主張權利。」建立暢通的權益主張管道。

透視鏡

國際公約

　　聯合國大會目前已通過九部「核心人權公約」，每一部公約都各自建立了由獨立專家所組成的委員會，也就是所謂的「條約機構」（treaty bodies），負責監督各個締約國公約的實踐情況。目前臺灣已經通過施行法之核心人權公約共有五件：

1. 《公民與政治權利國際公約》（International Covenant on Civil and Political Rights, ICCPR）。聯合國於1966年通過，臺灣於2009年頒布施行法。

2. 《經濟社會文化權利國際公約》（International Covenant on Economic, Social and Cultural Rights, ICESCR）。聯合國於1966年通過，臺灣於2009年頒布施行法。

3. 《消除對婦女一切形式歧視公約》（Convention on the Elimination of All Forms of Discrimination Against Women, CEDAW）。聯合國於1979年通過，臺灣於2011年頒布施行法。

4. 《兒童權利公約》（Convention on the Rights of the Child, CRC）聯合國於1989年通過，臺灣於2014年頒布施行法。

> 5.《身心障礙者權利公約》聯合國於2006年通過，臺灣於2014年頒布施行法。
>
> 　　前第一項及第二項合稱爲兩公約。

四 課程／活動設計

(一) 接受自己的限制

　　每個人都有自己的限制，也有自己的優勢。對於自己無法改變的限制應予以接受，並了解自己的優點後爭取屬於自己的權益，如此才是自在的學習人生。表7-3檢視學生狀態及引導學生自我引導學習。

表7-3　表現限制的學習態度檢視

自在於自己的限制		爭取自己的學習權益	
○不需他人體諒自己限制	○不抱怨人生	○學習不粗糙	○維持有品質作品
○不陷於自憐自哀	○以理性面對自己的限制	○堅持自己的學習期待	○積極的行動付出
○列出常遇到限制情境	○發展限制的應對策略	○與老師溝通對自己學習的想法	○爭取適合的學習內容，不過難或過簡單

*檢視勾選學生對於自己的限制及學習狀態。

(二) 多感官學習（multisensory approach）與放聲思考

　　如果不確定自己的優勢學習管道爲何，在讀書或學習課程時建議運用多重的感官進行學習，包括視覺（看）、聽覺（聽）、動覺（手寫或手勢）、口語（讀出聲來）等，如此做法可以提高學習的專注力，進而提升學習效益。例如抄寫時不是只有手動抄寫課程內容，還包括口語唸出來，並同時做部件分析（見第九記），而放聲思考（cue表1-1）也是多感官學習的一種普遍策略。

　　放聲思考是將所看到及所想的唸出來，此過程可以提升專注力表現，並協助個人覺察、檢視、修正自己的認知，可減少粗心錯誤的發生比例，及能更深刻地修正已出現的錯誤。另外，在生活上也可以降低丟三落四的情形，其做法是把自己當學生，對自己解說所看到的內容。表7-4是協助讀者思考放聲思考的運用時機與技巧。

表7-4　放聲思考運用時機與技巧

時機	運用時機	技巧	範例
不專注	花了時間卻沒吸收；閱讀放空	把看到的及想的唸出來	「現在你又沒用心讀，專心點，來看一下潮汐的原理。」
不理解	學得的內容模糊，無法理解課程內容的意義	把自己當學生，教自己	「三角形內角和180度，來把三個角量一量，再把它們加起來看看。」
錯誤固著	訂正無效，常錯一樣的錯誤	清楚指出錯誤的部分，並從不同角度解釋那個錯誤的觀點	「哇，這題錯了！15+26該進位竟然沒進位，以後加法時要特別注意進位到十位的問題！」
生活不專注	丟三落四	把將要做的事唸出來	「等一下，先去把杯子放在飲水機上，上完廁所要記得倒水帶走。」

透視鏡

課業成就翻轉

麗如老師自傳之三

　　小時候功課實在很糟，對老師又敬又怕，開始夢想以後是位教書匠，拿著書本斥責學生多威風！

　　小學3年級時，每天拿著書本對著空氣假想的一群學生教書，書本的內容被我唸出來，並且解說給空氣中我的學生聽。沒想到功課突飛猛進，從此一路成為全班優等生，乃至國中時常常在全校週會上臺領獎。

　　這就是放聲思考的運用。原來麗如老師從小時，就有發明學習策略的慧根。

後 記

課綱元素
—— 適性揚才

一　適性揚才對話檢視

針對本課各記案例中之對話，檢視負向元素及正向元素。

表7-5　適性揚才的對話檢視

負向元素		正向元素	
□19.過於包容	□19.逃避面對個人限制	○19.功能取向的對話	○19.引導接納限制
□20.「算了」，未追究問題所在	□20.限制學習	○20.具體的學習步驟	○20.提出待改進的空間
□21.盲目地執行	□21.過於堅持的措施	○21.專業的評估	○21.依法調整

*檢視勾選與學生互動對話的元素。
*□為以具有負向的訊息進行溝通，○為能適當運用正向訊息進行溝通。
*各項之數字為在各記案例中的對話，讀者可對照案例情境以掌握其意義。

二　適性揚才課綱元素

(一) 適性揚才

適性揚才是108課綱的重要主旨，期待每位學生在學習歷程中都有適合其發展的任務。作者因此仍認為108課綱，使許多較不善於學術學習的學生有機會「翻身」。因此評估與掌握每一位學生的「優勢」，成為師長的重要任務。

　　適性揚才必須引導學生發掘自己的天賦特性與能力，而在教師教導下得以發揮才能。自主學習課程的指導老師可以是任何具有能力指導學生學習議題的人，包括父母。父母是最了解學生的人，也是與學生接觸時間最長的人，父母若不斷抑制孩子學習，孩子只能是讀書機械人。反之，若能參與教育與指導學生，將可以培養學生發揮才能，發展具自主學習能力與態度。

(二) 生命教育

　　生命，意味著生、老、病、死過程中的所有元素，生命教育即在探討生命的學問。大部分的人面對生命威脅都會有害怕、恐慌的心理，何況是一位尚未長大成熟的學生。一般學生需要進行生命教育，部分身心障礙學生可能因為健康受到較多的威脅，則適時進行生命教育更是課程重點。國教課綱中生命教育為在第五學習階段（即高中教育階段）的「綜合活動領綱」內的必修科目，在國中及國小則將課程列在綜合活動內。

　　生命教育的五大核心素養為終極關懷、價值思辨、靈性修養、哲學思考、人學探索。這五大核心素養由過去的人生三問（我為什麼活著、我該怎樣活著、我如何活出知行合一的生命）發展而來，希望透過生命教育的核心素養，讓學生在國民基本教育的過程中具備系統思考、分析與探索的素養，深化後設思考，並積極面對挑戰以解決人生的各種問題。

透視鏡

生命活力

我沒有腿，但我還有感覺，
我看不見，但我一直在想，
我雖然聽不到，但我渴望溝通，
為何大家認為我沒有用處、沒有想法、沒有聲音？
其實我和一般人一樣，對我們的世界有想法。

—— 卡洛琳・西弗斯，14歲，英國

第八課

學習生涯定向

　　生涯發展關係著一個人的生命力，個人對自己的未來有期待、有規劃，則生活有目標，許多事便能夠在自己的掌握之中。國教課程期待從學生小的時候即培育其探索未來發展，發現各自的優勢，以便在高級中學時得以在其自主學習課程、探究與實作、學習歷程檔案建制等課程任務中有自己的方向，避免盲目地學習。然而即便是學術科目能力強的資優生，如果未充分了解自己及各種選項條件，也未必能順利地發展專業學習方向。教師及家長若能在課程及日常生活中適時、隨機地進行生涯輔導，將有助於學涯定向。

　　本課談國教課綱中與學習生涯定向相關的課題，包括專業學習方向與學習歷程檔案，主要著重學習的行為及選擇上，若與職涯相關的，則在次一課「職涯發展規劃」中討論。

透視鏡

愛因斯坦（Albert Einstein）格言

　　每個人都是天才，但如果你用爬樹的能力評斷一條魚，它將終其一生覺得自己是個笨蛋（Everybody is a genius. But if you judge a fish by its ability to climb a tree, it will live its whole life believing that it is stupid.）

第二十二記

找不到學習方向的資優生
── 適性教育

　　大家都認為資優生是人生勝利組，是天之驕子，我卻發現他們有不少於一般學生的壓力，若不處理壓力，有時卻是那麼地令人遺憾，遺憾他的優異處無法適性地發揮，遺憾他的心理無法快樂地成長。

一　情境

　　小V很幸運地出生在富有家庭，是父母唯一的寶貝，父親是當年聯考制度下第五名進入臺大醫學系的考生，成績極為優秀。父母親從小要求小V將來也當一位人人崇敬的醫師，母親為小V安排一切活動，小V也信任並崇拜父母。小V小時候對生活與學習充滿好奇，這邊問問題、那邊看書籍，儼然就是個小博士，小學成績總是頂尖，大家都稱讚著小V遺傳自父母親的好基因。

　　然而一進入國中卻突然有很大的轉變，因為課業總是父母安排的，小V自己沒有想過為什麼要讀書，雖然功課大致表現優異但對讀醫學的關鍵科目「生物」相當排斥，學習成績不佳。因為課業表現未朝原本的計畫發展，慢慢地看到小V對未來沒什麼夢想，好像什麼都可以，又好像什麼都做不來。當發現自己的能力和醫師條件越來越遠時，就不知道還能做什麼了。因為父母親從來沒有告訴自己能做醫師以外的什麼職業，問他未來要鑽研什麼領域他總是回答不知道，或每一段時間就會換一個方向，大家都不相信小V要選擇專業領域竟然有困難。小V很羨慕同學雖然學業表現不如他，卻能胸有成竹地計畫未來，自主學習課程那麼地有方向，講起來頭頭是道，自己卻徬徨著不知何去何從。

二　對話

(一) 未經評估的對話

▶ 林老師：「小V以後想選擇哪個領域就學啊？」

▶ 小V：「不知道。」

▶ 林老師：「想過的任何領域都可以説説看。」

▶ 小V：「曾經想過醫學系。」

▶ 林老師：「可以啊！你成績很好，可以拼拼看。」

　　林老師並未引導小V思考評估，似乎有些怕打擊小V的信心，只是一昧地同意，並沒有協助小V做探索。

(二) 引發學生評估的對話

• 陳老師：「小V以後想選擇哪個領域就學啊？」

• 小V：「不知道。」

• 陳老師：「想過的任何領域都可以説説看。」

• 小V：「曾經想過醫學系。」

• 陳老師：「你以後想當醫師嗎？」

• 小V：「不知道，就媽媽跟我説可以選擇和他們一樣的工作。」

• 陳老師：「你要思考是爸媽的志願，還是你的志願？」

• 小V：「不確定。」

• 陳老師：「那我們來分析當醫師吸引你的元素，也可以思考一下與你的適配性及有沒有其他可能的志願。」

　　陳老師引導小V思考及評估自己的性向，以及可能的挑戰。

三　知識點

(一) 資賦優異學生與過度激動（overexcitability）特質

　　依據我國《特殊教育法》的分類，資賦優異學生分為一般智能資賦

優異、學術性向資賦優異、藝術才能資賦優異、創造能力資賦優異、領導能力資賦優異及其他特殊才能資賦優異（身心障礙及資賦優異學生鑑定辦法，2013）。因應資賦優異學生的特殊教育需求，目前設立了各種資賦優異教育，例如學術性向資賦優異班、美術資賦優異班、體育資賦優異班等。現在強調多元能力的發展，每個人若能找出個人的優勢好好去培養發揮，則均有很大的機會成為人生勝利組。

　　根據研究，多數資賦優異學生自幼即精力充沛、活潑好動，Dabrowski（1964）以「過度激動特質」描述資優生的特質，並將其分為五種（摘自林妘蓁，2012）：

1. 心理動作的過度激動：說話快、動作快、冒險性強，因為精力旺盛而有多話的傾向表現。
2. 感官的過度激動：對聽覺、視覺、嗅覺、味覺等的感覺敏銳，但為紓解內在的緊張而尋求感官的滿足或縱慾、不能忍受噪音、不美好的事物。
3. 智能的過度激動：積極汲取相關知識、追求真理、思考獨特，不屈服現實與權威，批判或反抗性強烈。
4. 想像的過度激動：想像力豐富迅速，喜歡幻想，也會因為思慮轉動快而出現跳躍注意力不集中的外顯現象，讓人難以跟上他的步調。
5. 情緒的過度激動：人際敏感，關心他人及社會，但常有強烈而複雜的感受，因此對感情的記憶深刻鮮明，可能關切生命問題、憂慮社會，另一方面也可能產生心身性反應，如胃痛、焦慮、抑鬱等。

　　這些特質在資優生學習及社會適應上，可能有正向及負向的影響。例如思考早熟但缺乏同理心而被孤立、思考獨特但不符現實批判或反抗性強烈而不服從權威等（郭靜姿，2003）。師長應了解孩子的不恰當特質及優勢所在，以便適當適時輔導。否則可能因為月暈效應（見第八記）而忽略了資優生的輔導時機，造成人際、生涯的困擾。

(二) 課程諮詢

　　各高級中等學校依108課綱規定開設多元類型課程，引導學生規劃適性課程方案，提供學生探索個人的學習性向。在每學期選課前，課程諮詢教師及相關處室介紹學校課程地圖、課程內容、課程與未來發展的關聯，並說明升學大學／技專校院入學及其未來發展。

　　對於生涯較定向的學生，校方將提供必要的課程諮詢。若是生涯未定向，則會由導師或專任輔導教師依學生性向與興趣測驗結果進行生涯輔導，最後由課程諮詢教師提供學生個別課程諮詢。教育部規範每所高級中等學校皆須設置課程諮詢教師，以提供學生團體諮詢或個別諮詢。有生涯輔導需求之學生，將課程諮詢紀錄登載於學習歷程檔案。

透視鏡

課程地圖

　　課程地圖是一種導覽課程的路徑（roadmap），常以圖像呈現課程的架構。課程地圖使教師及學校可以有效地規劃與管理課程實施，尤其可幫助學生評估個人生涯發展，進一步規劃學習的理想路程。

　　就十二年國教課程而言，各校的課程地圖至少會包括部定課程、選修課程、校訂課程等。學生也可以利用課程地圖呈現個人有結構、有系統的修課或學習途徑。

(三) 大學專業學習領域

　　不一定每位學生在高中進入大學前，均有明確的進修方向。多元化的選課可因應學生個別需求及定向的時程，引導學生思考適合學習環境的條件。如果無法有明確的方向，升學可以選擇學程／學群不分系方向為主，而非選定科系。待進入高等教育，經過專業領域的接觸與學習後可以在更了解個人的興趣及能力後，再訂定特定專業領域鑽研。

　　目前在大學裡的專業學習具有多元的分類，第八條指出：其中有

些科系領域相關性極高,「學士學位學程」規劃乃整合了相關科系的資源,發展出的跨系、所、院綜合性的專業課程模組,課程修畢後可取得學位。課程學程化設計不僅能整合並加強教學資源,使專業課程更為專精,並能順應新時代社會高度分工的需求,提升學生進入就業市場之競爭力(大學法施行細則,2020)。其他尚有各種學位制度(見表8-1),如雙主修、輔系、學分學程、跨域學程等。

表8-1 大學各種學位制度

名稱	畢業學分數	證書呈現
雙主修	需修畢主學系最低畢業科目學分及加修學系全部專業(門)必修科目學分,比主學系最低畢業學分數至少多35學分,即128 + 35 = 163學分以上。	載明兩個系(班)授予雙學士學位。
輔系	輔系應修學分數以20學分為原則,比主學系最低畢業學分數至少多20學分,即128 + 20 = 148學分以上。	加註輔系名稱。
學分學程	學分學程應修學分數以18學分為原則,比主學系最低畢業學分數至少多9學分,畢業學分在137至146學分間。	不予加註,另外取得學分學程證書。
跨域學程	校必修(含共同必修28學分)、原學系的基礎必修課程、原學系的跨域模組課程,以及另外一個學系或研究所或學院的跨域模組課程,畢業學分以128學分為原則。	加註第二專長模組課程為「跨域專長」。

四 課程／活動設計

如果學生本身不是很喜歡,或不習慣動腦分析,則自主學習課程的取材更需要是學生熟悉或有興趣的事件,讓他從中學到分析的樂趣及技巧,為自己計畫安排任務,並從中整理自己的關注傾向,思考自己的興趣。以下列舉一些例子,供讀者設計參考。

(一) 為什麼大蒐集

　　當學生對於自己的學習方向完全沒有想法時，引導學生蒐集日常生活的問題，可以訂定每週產出十個問題，蒐集十週後進行一百個問題資料的蒐集，並進行問題的分類。例如可以請學生蒐集身邊人的抱怨、嘮叨的話語等，或觀察生活現象、觀看電視媒體的知識性報導等。如看到爸爸開車時說：「真倒楣，又遇到紅燈」，提出「爸爸與媽媽沒耐心的事例分析」。然後回到課堂中分享，常常會成為有趣的課程。這個作業可增加學生對生活問題的敏銳度，而且與情境結合。表8-2為可參考探索的方法。

　　在這之中，若能將蒐集到的「為什麼」做屬性分析，可以與探究及實作課程結合，並可在資料分析後發現自己關注問題的傾向，思考自己對哪些主題更有興趣，而計畫做進一步探究（陳麗如，2023a），一舉兩得。

表8-2　小V的「為什麼」蒐集（範例）

主題	科目	簡單意義	進階研究	建立日	建立時機
COVID-19系列					
人體試驗怎麼做	自然科學生物醫學	COVID-19疫苗研發	各國宣稱已研發完成之現象（蘇俄、中國、英國、美國等）	109/9/3	美國川普總統說疫苗製作已快完成
吸血蝙蝠的互惠行為	自然科學生物社會行為	吸到血的同巢蝙蝠會分享血予沒有吸到血的蝙蝠	蝙蝠與抗凝血劑；蝙蝠吸血行為致傳染病散播	109/10/2	COVID-19之電視專題：蝙蝠
生活系列					
癌症病人的飲食改變歷程	健康與體育心理	生病後著重養生之道	〈待探究〉	111/3/2	嬸嬸及表姐生病後吃生機飲食

主題	科目	簡單意義	進階研究	建立日	建立時機
違規停車之分布	社會領域 警政 都市規劃	有些區域違規現象特別嚴重	停車場商機	111/5/9	爸爸及很多人違規停車被開罰單
親子互動；情感表達	親子溝通心理學	為什麼媽媽常對我發脾氣	人際溝通模式	111/6/10	與媽媽爭執
川普正負評價兩極	政治	為什麼川普民調升高	民調機制	109/10/10	電視新聞：川普

(二) 死腦筋開竅了 —— 擴散性思考訓練

在教學過程中，教師儘量讓參與者提出想法，且引發連鎖反應，以「集思廣益」的做法，激發學生的想像空間及創造思考的產出，此屬於腦力激盪法（brainstorming）（陳龍安，2006）。以團體腦力激盪刺激同學思考，即是擴散性思考課程（見第二十八記）常安排的訓練。例如提出一個物件或事件，全班分組思考其功能或方法，想出越多不同類答案的組別分數越高，如果別人對於他的答案有疑問，則他必須回應說明，如表8-3。這些可能是平時的經驗，而這過程也可以將個人的生活與想法做一個整理。未來學生覺察問題及思索答案的向度便會更多元，擴散性思考能力也得以提升。

表8-3 擴散性思考訓練（範例）

物件／事件	功能或方法					
磚頭	砌牆	劃線	敲打東西	烤地瓜	坐墊	
在外如廁地點	便利商店	有供應廁所的店家	加油站	捷運站	景點公廁	

第二十三記

不會做讀書計畫的國中生
——階段性目標計畫

那位學生顯然不期待自己會做到什麼，消極眼神就直接告訴我，他努力不來。如我所猜測的，那是因為計畫目標遙不可及，讓他評斷沒希望而直接放棄。師長、父母，您是否能讓孩子知道「我的希望在哪裡？」

一　情境

小W是位乖巧內向的高二女孩，功課不是墊底，但也沒什麼學習熱情，在校園裡按部就班地進行學習、繳交作業，她無法說出課業學習的問題，也不會去問老師，在校園裡不會成為師長關注的學生。為了學校催著繳交學習歷程檔案的資料，小W急就章地上傳一份報告，也不管品質，反正就是繳交一份作業交差了事。雖然聽說學習歷程檔案對未來科系選才很重要，但她對於如何把它做好完全沒有概念、也沒有動機。

二　對話

(一) 懷疑的對話

▶ W媽媽：「小W，快考試了，你有讀書嗎？」

▶ 小W：「有啊！」

▶ W媽媽：「真的嗎？」

▶ 小W：「嗯！」

▶ W媽媽：「考試範圍內的都會了嗎？」

▶ 小W：「應該會吧！」

　　在這個對話中，媽媽懷疑小W的讀書狀況，小W也懷疑自己的讀書狀況，這之中充滿著不信任。如果小W對為什麼要學習存疑，對讀書無感更會造成其激不起學習熱情。

(二) 具體引導的對話

- W媽媽：「小W，快考試了，你有讀書嗎？」
- 小W：「有啊！」
- W媽媽：「那小W讀了幾頁呢？」
- 小W指著習作：「這些……」
- W媽媽：「哇！好棒，那這樣有掌握住進度嗎？」
- 小W：「我不知道。」
- W媽媽：「媽媽也不了解，那我們來做計畫，算算要讀幾頁，小W讀了幾頁，這樣就可以知道小W的讀書狀況。」
- 小W：「嗯！」

　　在這個對話中的溝通是有具體內容，能產生實質的教導。

三　知識點

(一) 大專院校多元升學管道

　　因應學習歷程檔案新政策的制度，當前升學進入大專院校以「考招分離」為原則，即：考試與入學管道二個向度分別舉行。進入高等教育之考試主要有三種：學科能力測驗（學測）、分科測驗以及四技二專統一入學測驗（統測），而其入學的政策以幾項為主（陳麗如，2021）：

1. 特殊選才：招收有特殊才能、學習經歷與成就之學生。多是由各校獨立辦理招生，大多會包括審查資料及面試的歷程。
2. 繁星推薦：以學生在校成績全校排名百分比為甄選資格依據，強調平衡城鄉就學機會，以繁星推薦讓非都會區學生仍有與都會區學生競爭

高等教育入學的機會。

3. 申請入學：參採學測成績及評核學生的綜合學習表現，包括學生的高中學習歷程及多元表現。

4. 分發入學：重視關鍵學科能力，強調簡單一致，只採計入學考試成績，包括學測、分科測驗與補充測驗，不參採其他審查資料直接分發。各校系可依各自的專業知能考量，加權計算各科目成績。

5. 其他政策性招生：如特殊學生甄試及各校各自審訂條件，提出招生方案。

其中高職生升學管道主要為：特殊選材、科技繁星計畫、甄選入學、聯合登記分發、技優保送、技優甄選等。

表8-4　高中生主要升學管道之重點考核項目

	報名/試程	綜合學習表現				審查資料	學測成績	分科測驗成績	備註
		歷程檔案	在校成績	面試	二階考試				
特殊選才（大學及科大）	11月至1月	✕	✓	✓		✓	✕	✕	特殊才能；一般大學為各校獨立招生；科大特選為聯招
繁星推薦	3至5月	✕	全校前20%至50%	第八學群			✓	✕	五學期總成績校排；分八學群
申請入學（含科大）	3至5月	✓	列於學習歷程檔案	✓	各校自訂	✕	✓	✕	一階學測通過後進入二階甄選；綜合表現至少占50%
分發入學	7至8月	✕	✕	✕	✕		✓	✓	加深加廣科目學習成果

報名／試程	綜合學習表現				審查資料	學測成績	分科測驗成績	備註
	歷程檔案	在校成績	面試	二階考試				
獨招	各校自訂	各校自訂，多會採計							各校自訂

註1：此為大部分原則，但仍有少數例外，詳見各招生簡章。

　2：✓為普遍會採計，✕為普遍不採計，沒有符號者為不一定。

　3：此為111學年度入學資料。

(二) 多元學習內容

　　只要是學習經驗有利個人的學習與專業發展，均是十二年國民基本教育的期待。因為不會限縮在一個範圍。在學習歷程指導「多元學習」內容，學生可依目標科系的選才期待做可能加分面向的準備，如下：

1. 檢定：各種職業證照檢定考試，如烘焙丙級技能檢定證照等；各種能力檢定，如臺灣師範大學主辦的「大學程式設計先修檢測」（advanced placement computer science, APCS）；陽明交通大學的APX（advanced placement exams）高中數學能力檢定。

2. 語言能力檢定：多益（TOEIC）、雅思（IELTS）、日本語能力試驗（JLPT）、韓國語文能力測驗（TOPIK）、教育部閩南語認證考試等。

3. 大學開放課程：許多中學與大學訂定策略聯盟政策，提供學生選修方案。

4. 競賽，例如：

    (1)高級中學數理資訊學科能力競賽：由國教署主辦，學校初賽通過，選十名進複賽及決賽。

    (2)臺灣師範大學主辦的「國際運算思維挑戰賽」，為程式語言之競賽，以學校為單位參賽。

    (3)小論文與讀書心得競賽：國教署舉辦全國高級中等學校「小論文

寫作比賽」及「閱讀心得寫作比賽」，期待學生能藉以提升科學素養及寫作素養。每年在三月及十月收稿，比賽計畫及成績等均於中學生網站公告（教育部國民及學前教育署，2022）。

5. 服務學習：志工參與，如圖書志工、醫院志工、社會福利團體志工、環境保護志工等。

6. 學校社團及幹部。

(三) Thorndike的學習定律

Thorndike是行為主義學派的代表人物之一，他觀察貓在迷箱中逃脫的現象，以嘗試錯誤（try and error）提出學習的三條原則：(1)準備律（law of readiness）：當個體心理準備好去做一件事情時，較能夠成功；(2)練習律（law of exercise）：當練習次數增加連結就增強，學習到的內容較為牢固不易遺忘；練習的次數減少，連結就減弱；(3)效果律（law of effect）：反應伴隨著滿意的感覺，就會增強連結（張清濱，2020）。

這些學習原則影響學生的學習成績，也影響其自主學習的展現。因此教師在設計課程時，應該關注學生是否依現有能力程度準備好進行學習、是否有充分的練習狀態，以及學生是否能在學習成果上帶來成就感。

透視鏡

學生的職業

學生的職業是「學生」，每一位學生應該思考如何經營個人的職業。

許多學生將受教育當成一個無可奈何的生命階段，如此則容易讓自己陷入「應付」的心態。反之，若能以一個十二年至二十年的職業來思考、規劃、經營，則學生的學習志業將能在慎思之下前進。

四 課程／活動設計

(一) 階段性目標

　　對於學習或生涯沒有目標的學生或課業落後太多的學生，若一下子設定太遙不可及的目標會使他直接放棄。因此應將目標分為多次數而少量，即設計「階段性目標」。例如對第十七記的小Q先設定「上課不睡覺、如期交作業」，表現穩定之後再設定「聽課複習」，然後再「從生活作息改變，積極學習」等，如此方能與同學互動討論，在愛與歸屬中取得滿足。

　　有些學生對於太長遠的目標會覺得很無力，或者訂定計畫時只有開始時志氣高昂，一陣子之後就萎靡不振。運用階段性目標把目標切割成較多段，則學生可以得到更即時的具體回饋，如同前述Thorndike的「效果率」所言，如此將使學生維持執行的動力以及實踐計畫的時間長度。圖8-1是作者所設計的簡單Excel表格，作為讀書計畫的管理工具，讀者可模仿設計，或歡迎以email、QR Code（見本書序後之「讀本書」），向作者研究室索取檔案自行運用。其歷程如下：

1. 設定一個讀書時程，可以月或定期評量間隔時間為範圍。
2. 設定此段時程內要列入讀書的科目。
3. 計算出此時程內要讀的各科頁數。
4. 每天記錄各科完成的頁數。
5. 頁面上會自動秀出此段時程內，各科已讀頁數及距離計畫達成的頁數。
6. 圖表會依前述登錄呈現合計已讀頁數及繪出圖表，以供學生管理自己的學習。
7. 事先做獎勵計畫，明列獎勵內容。

小如的七月學習計畫

日期	1日	2日	3日	4日	5日	6日	7日	8日	9日	10日	11日	12日	13日	14日	15日	16日	17日	18日	19日	20日	21日	22日	23日	24日	25日	26日	27日	28日	29日	30日	31日
星期	四	五	六	日	一	二	三	四	五	六	日	一	二	三	四	五	六	日	一	二	三	四	五	六	日	一	二	三	四	五	六
語文	2		2	5	0																										
數學	2		2	3	6																										
社會		3		4	2	4																									
自然		2	4	5	4																										
健體			2																												
科技				4		2																									
綜合	2	1	3		4																										
藝術			0	2																											
生活	3	5	2		1																										
日計	9	13	16	26	11																										

	頁數	完成	完成率	差距
語文	43	9	0.2	34
數學	35	13	0.4	22
社會	20	13	0.7	7
自然	34	15	0.4	19
健體	26	2	0.1	24
科技	34	6	0.2	28
綜合	16	10	0.6	6
藝術	23	2	0.1	21
生活	24	11		13
日計	255	75	0.3	180

※每週目標 = 57.6

獎勵	
提供獎勵者：父母/自己	
完成>0.3	= 100元
>0.5	= 吃美食
>0.8	= 200元
1	= 買XX

■完成　■差距

圖8-1　讀書計畫（範例）

(二) 線上讀書會

　　如果學生在有伴的情況下可以更努力學習，則可以找志同道合的同儕共同建立目標一起督促自修。若不能在實體空間一起讀書，也可以與對方約定同時開視訊，各讀各的。可約定每一節讀45分鐘，休息15分鐘等（依雙方討論及試做後訂定）。每次開始進入一節時彼此提醒，互相勉勵，並可告訴彼此稍後休息時間要做什麼。

　　教師可以將此列為班上的活動，媒合同學進行課後共同作業活動。網路上也有類似的讀書會社群，可搜尋後加入。

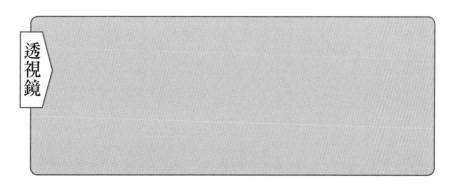

透視鏡

第二十四記

要不要攻學習歷程檔案的高一生
—— 適性評估

在108課綱政策中對於一般學術成績好的學生我總是很放心,他們很能因應教育政策而調整學習方式與策略,並不會因為108課綱政策而表現水準下降。108課綱其實是讓更多學術表現不是很突出的學生多了一些成就的機會,他們是其中最大的受益者。學習歷程檔案的建制功能之一,就是引導學生思考自己的資優所在。

一 情境

高一的小X自認為很不喜歡做資料整理,也不太知道個人的學習方向,他猶豫到底三年級時升學管道應該選擇四月以學習歷程檔案為重點的申請入學,還是七月的分科測驗。在決定未來的方向上能拖就拖,存著「走一步、算一步」的心理。

二 對話

(一) 無動作的對話

▶ 小X:「我不知道要做學習歷程檔案,還是專心準備學科進階知能,以便藉由分科測驗升學。」

▶ 林老師:「你就先準備就是了,以後再看要不要調整。」

▶ 小X:「好吧!」

這樣的對話沒有太多的指導,不會引發學生有新的動作與態度,學生應該沒有從其中獲得期待取得的訊息。

(二) 進行分析評估的對話

- 小X：「我不知道要做學習歷程檔案，還是專心準備學科進階知能，以便藉由分科測驗升學。」
- 陳老師：「你了解這兩者間的差別嗎？」
- 小X：「同學都說學習歷程檔案建置好麻煩哦！我都不會多元學習的準備。」
- 陳老師：「你應該先花一些時間了解兩者間的差別。你先蒐集資料，下週一我們來討論。」

許多學生需要具體地點出問題，以及引導他做出具體的動作。

三　知識點

(一) 學涯探索 ── 高中與大專之連結

我國大學入學考試中心建制了官方的「大學選才與高中育才輔助系統」（ColleGo），分別建制大學端的資料及高中端資料，協助考生做科系選擇。前者屬於大學選才工作，包括：認識學群、認識學類、及認識大學；後者屬於高中育才工作，包括：三年行動計畫、探索興趣類型、探索核心素養、探索領域學科、探索加深加廣課程，以及探索知識領域。此成為引導高中生規劃修課地圖的重要參考，其中並有設計牌卡活動課程，使學生活潑地探索自我。

為了因應升學形式的多元性，大學招生委員會聯合會則建制「申請入學參採高中學習歷程資料查詢系統」。可依學校分類條件、學群分類條件、學習準備建議方向內容查詢大學端校系參採之學習歷程資料；並可查詢參採各項目的大學校系，如修課紀錄、學業總成績、課程學習成果、多元表現、學習歷程自述、其他等。

(二) 申請入學學習歷程檔案

學習歷程檔案占有申請入學的一定比例。其內容分為二部分，一為高一至高三的學習歷程，二為審查資料補寫內容。後者須儲存以PDF檔

自行上傳，可能包括：

1. **高中學習歷程反思**：省思個人學習歷程，描述個人的學習內涵與成就。把學習經歷所養成的特色進行描述，例如特質、能力、興趣、學習模式、未來發展可能性等。
2. **就讀目標校系的準備**：撰寫的方法如：(1)依時間序呈現：以時間軸呈現個人化的成長變化；(2)盤點學習歷程：呈現學習歷程中的重要經驗，指出與目標科系的連結元素；(3)盤點活動：藉由活動的陳述指出個人的能力、特質、興趣、議題、願景、資源。例如以社團活動、社會服務等展現社工特質與能力，成為進入社工系的佐證資料。
3. **未來學習計畫與生涯規劃**：描述對目標校系領域的興趣、熱忱及企圖心等，可以從入學前的準備進行描述，也可以描述入學後及畢業後的規劃。可從目標校系的課程地圖去了解，或從各校系大三、大四的專業分流去思考其求才的培育目標與方向。
4. **其他資料**：為各校系自行訂定的其他資料。

(三) 學習歷程檔案內涵

　　大學端在選才時，依其科系著重的學生能力面向審查考生的資料，每份資料將因為呈現的內涵不同而有不同的評分元素與向度，是一個能兼顧個別差異條件的審視過程。其內涵除了基本資料外，主要包括課程學習成果及多元表現（見表8-5）。

表8-5 學習歷程檔案內涵

	內涵			技巧
課程學習成果（學校修課內）	(1)書面報告：報告主題、書面證據、學習過程，以及結論等	(2)自然探究與實作、社會探究與實作等報告	(3)各科目課程實作成品，呈現創作理念、執行步驟過程等	每學期3件最好能加上心得反思，如思考曾出現學習阻礙之應對方法

	內涵				技巧
多元表現（學校修課外）	自主學習：小論文、研習或講演課程	校內外活動	特殊優良表現證明：競賽參與、檢定證照	其他（幹部經驗、彈性學習時間記錄、團體活動時間記錄、職場實習記錄、成果作品記錄、大學及技專校院先修課程記錄等）	每學年10件，不需教師審核
基本資料與修課紀錄					做好修課規劃
其他	個人特色	學習動機	學習評量	綜合整理心得	因應目標校系調整

四　課程／活動設計

(一) 思考學習歷程檔案建制的升學取向

　　108課綱不管會讀書或不會讀書的孩子，每位學生均有他學習的任務，每個孩子均可能在適合自己的領域內發揮才能。因此在教育過程教師以學生為主角，要時時關注學生的學習狀態，關注學生適性方向所在，校方更為了因應學生的多元發展，增加各種選修課程，及開放各類彈性課程，包括跨校選修、大學先修、自主學習計畫課程等。

　　如果學生仍然不知道自己的學習取向，尚不知道要選擇以分科測驗為主的分發入學為升學管道，還是計畫藉由學習歷程檔案加分為主的申請入學之升學管道，則可以嘗試以表8-6進行評估。

表8-6　衡量學習歷程檔案的學習分量評估

個人學習表現或特質			
○喜歡研讀知識	□目標校系分發入學之名額少	○學術性科目成績好	□學校加深加廣的課程學不好
○太多校外學習或戶外課程覺得煩	□掌握目標學校科系人才的特質	○準備目標校系二階筆試	□喜歡自己規劃課程
○面試是弱點	□考試常無法達到自己的水準	○自主學習課程表現不好	□常有考試焦慮
○核心素養考題難不倒我	□喜歡操作性質的作品	○希望心無旁騖，專心讀學術科目	□學習基礎課程就好
*得分：□ － ○ ＝			

*得分 ＝ □ － ○ ≧ 3：表示學生更適合以學習歷程檔案作為進入大學的籌碼。

　　　　　　　≦ －3：表示學生更適合走分科測驗的路線。

　　　　　在3與－3之間：表示學生尚無明確的傾向。

註：前述為參考，並非絕對，主要目的在引導學生探索。

　　依以上評估後，面對學習歷程檔案則可以如下準備：

1. **全力準備學習歷程檔案的製作**：若相減得分 ≧ 3，可考慮傾向以申請入學為主要升學管道，則一份有特色的學習歷程檔案便很重要，其中「自主學習計畫」的課程是重要的表現評核指標。

2. **放棄在學習歷程檔案的拼搏**：若得分 ≦ －3，可考慮傾向於全力準備分科測驗的志願學習，那麼就可以不用分心去管學習歷程檔案要有多精彩的內容，學生可以全力學習加深加廣的課程即可。平時要上傳的多元學習歷程檔案資料，可以累積知識的方向準備「自主學習計畫」（如第七記的表3-1及表3-3；第二十二記的表8-2）。而此做法也不會對申請入學沒幫助，因為一些學術傾向較強的校系第二階段（P2）自辦考試，也都是以加深加廣課程為主要測試題項。

3. **尚未能明確地選擇**：得分在3與－3之間，可考慮給自己一年的時間再行試探，即在高中一年級時，先不要放太多時間在準備多元學習歷程檔案，先全力準備分科的基礎學科課程，等到修過一年後評估學科成績及花一些時間試探能力與性向，再評估是否適合攻讀加深加廣課程

為準備方向。如果這時決定全力準備學習歷程檔案的製作也不晚，因為最後上傳到應試校系的多元學習只需要10件，而高二至高三兩年時間，共有20件全心準備的候選資料，可選擇性仍相當多。

依此，則可以參考圖8-2之思考路徑發展個人的學習軌道。

(二) 學習歷程檔案的建制

一個有品質的學習歷程檔案必須掌握幾個特性，包括自主性、探索學習、兼顧歷程、表現真實水準、組織多元資料、與進一步學習結合（陳麗如，2021；劉唯玉，2000）。學生可藉由表8-7進行檢視，而學習歷程中有一個任務在撰寫「綜合整理心得」，其技巧可參見第十二記。

表8-7　良好學習歷程檔案元素

向度	元素				增進技巧
自主性	○自訂學習目標	○蒐集相關資料	○自我管理態度	○自我管理能力	參考同儕或網路範本；與師長討論；具學習動機，包括持續力、行動力，及與個人的生命連結
探索學習	○從學習中思考	○整理個人的資訊	○探索發展方向	○探索優勢能力	將探索結論具體化、明確化
兼顧歷程	○一段時間的表現歷程	○覺察問題所在	○解決問題表現	○省思行為	不一定是完美的作品，更需有用心經營的學習歷程
表現真實水準	○思辨效益	○更了解真實表現水準	○一段時間表現彙整呈現	○求更精進	以真實作品佐證，並依以陸續調整
組織多元資料	○依建檔目的蒐集組織各種相關資料	○與審視目標相關的資料皆可擷取	○自我省思訊息等	○教師或家長的評量	兼顧認知、技能，與態度的學習評量
與進一步學習結合	○省思	○自我評量的能力	○發展進一步學習方向	○學習的延續	經過消化思考自己的學習志向

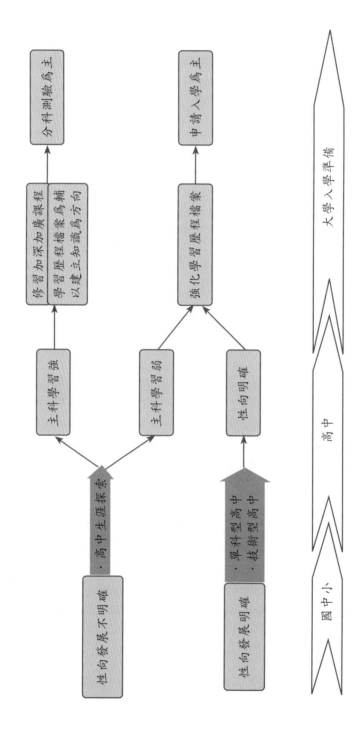

圖8-2 性向發展明確程度與學習規劃方向建議

後　記

課綱元素
──學習生涯定向

一　學習生涯定向對話檢視

針對本課各記案例中之對話，檢視負向元素及正向元素。

表8-8　學習生涯定向的對話檢視

負向元素		正向元素	
□22.盲目地接納	□22.未指出關鍵問題	○22.引導探索	○22.擴大思略
□23.所訂計畫太遙遠	□23.不確定的訊息	○23.加入方法	○23.加入改變或行事計畫
□24.模糊的訊息	□24.默認接受現狀	○24.協助分析比較	○24.引導蒐集資料

*檢視勾選與學生互動對話的元素。
*□為以具有負向的訊息進行溝通，○為能適當運用正向訊息進行溝通。
*各項之數字為在各記案例中的對話，讀者可對照案例情境以掌握其意義。

二　學習生涯定向課綱元素

(一) 學習歷程檔案

國教課綱希望學校將主導權回歸給學生，所以老師及家長應該尊重學生的選擇，依學生的條件支持其規劃課程。在建制學習歷程檔案時，學生應該有適當的態度條件，檢視是否有必要調整之處。

學生本身是檔案製作的靈魂，認識學習歷程檔案的政策及目的，才能因為建立正確適當的態度，做出一份有品質且符合靈性的學習歷程檔

案。而從小培養學生建立自己的檔案，方能培養學習歷程檔案的建制技巧、態度與習慣。學生還小時未來發展的選擇問題還相當遙遠，因此自主學習的培育應將重點放在探索問題、學習方法等，以便在高中時可以優雅從容地為自己厚實有品質的學習歷程檔案。

學習歷程檔案──高中學生疲於奔命？

透視鏡

　　依據教育部國民與學前教育署對於高中生學習歷程檔案的規範，學生每學期勾選課程學習成果上傳最多3件，多元表現每學年上傳合計至多10件。

　　以三學年計，則每位學生在高中生涯共要上傳18件課程學習成果，以及30件多元表現。「好多哦！」錯！

　　考生在大學入學應試時，學習成果至多勾選3項，多元表現至多10項至目標校系（陳麗如，2021）。

　　前述規定每學期及應考時，均以「最多」上傳件數作規範。所以只要做得精緻，並具有明確的方向，其實每學期只要一兩件即可勝出。

(二) 資賦優異相關之特殊需求課程

　　為了因應常態分配中每位學生的需求，國教課程頒布了《資賦優異相關之特殊需求領域課程綱要》（教育部，2019），規劃資賦優異學生學習之個別需求，實施其中所訂之支持性課程，包括：情意發展、領導才能、創造力、獨立研究，共四個科目。

透視鏡

第九課

職涯發展規劃

　　職涯發展關係著一個人生命歷程的品質，國教課程希望教育歷程對於每一位學生都是有意義的，也就是與其未來的發展連結，使這段重要的生命階段不會被浪費。為了有明確及適當的性向，必須先有充分的探索，對於較小的學生，可引導他對自己及所在環境訊息產生好奇；對較大的學生更應著重於外在世界的探索，以便將自我與外在世界兩者間做充分的連結後，規劃個人的職業生涯。

　　本課從學生的專長及就業條件，思考學生在職涯發展上的關鍵元素。

第二十五記

專長發展卡關的高中生
—— 面對困難

那位大學生讓我印象極為深刻，他連蘋果（apple），甚而二十六個英文字母都無法全部記住，在當年大學入學考試指定科目應試結果英文0分，卻仍可以考進相當好的前段學校。一個人的能力與興趣有時並不會並行存在。另有時候，能力、興趣並行具備卻又可能因為次要相關因素而卡住，要在專長領域發展常常遇到一定的挑戰。

一 情境

小Y非常喜歡化學，他的化學學科成績相當優秀，也常在實驗課程中忘我，小Y小小年紀就有明確的志願 —— 將來要做固態電池研究的工程師。目前這個領域相當新穎，只能靠汲取原文知識才能了解最前端的科技。但小Y在英文學習上有相當大的困擾，若需要與原文書為伍，小Y將難以順利學習。

二 對話

(一) 過於執著的對話

▶ 小Y：「老師，我英文不好，不敢選化學材料系。」

▶ 林老師：「可是你化學極好，這樣太可惜了。」

▶ 小Y：「我也不知道怎麼辦，我已經嘗試了，但真的學不來。」

▶ 林老師：「再試試看，不要輕易放棄。」

有時候我們太執著於問題的一面，例如「就是要用功」，則往往無法真正解決學習出現的問題，常常使學生最終落到「習得無助」的狀態。

(二)面對限制的對話

- 小Y：「老師，我英文不好，不敢選化學材料系。」
- 林老師：「可是你化學極好，這樣太可惜了。」
- 小Y：「我也不知道怎麼辦，我已經嘗試了，但真的學不來。」
- 林老師：「嗯！老師知道。我們請特教老師評估一下你的英文學習障礙的情形，如果是英文學習障礙，再看看有沒有什麼方法可以補救你的原文學習。」
- 小Y：「好。」

面對學生的困難應該首先評估可能的限制，及該限制的影響。

 三 **知識點**

(一)常模（norm）與百分等級（percentile rank, PR）

從標準化測驗結果的常模分數，可以了解所測定特質在團體中的位置。教育評量中常用的常模有百分等級、T分數、標準分數（standard score）及離差分數（deviation score）等。其中百分等級是常模中最容易理解的一個指標，係指在某個特定群體中，分數在此PR值及以下的人數百分比率。而依對照團體的不同，可分為年齡常模（age norm）、年級常模（grade norm）、特殊團體常模等。例如A生在「策略運用量表」測驗中得到原始分數為36分，百分等級為75（即PR = 75），意即以某個團體進行比較，得36分的A生在100個人中勝過74位受測者。

透過受測者不同能力的常模分數，可以了解其所擁有的優弱勢。例如小明聽覺學習能力PR值為70，視覺學習能力PR值為42，則可以知道小明的優勢能力為聽覺學習。同理，從學生各學習科目在團體中的常模表現水準，可以了解學生適合選擇的領域。不同標準化測驗間若以不同的常模展現，仍可藉由轉換取得優弱勢的狀態，如圖9-1。

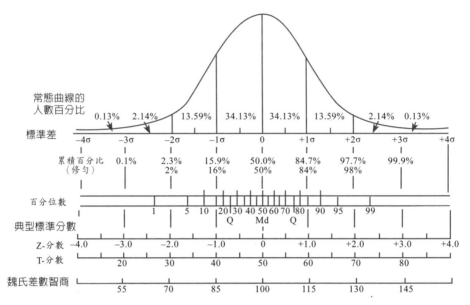

常態曲線的
人數百分比　0.13%　2.14%　13.59%　34.13%　34.13%　13.59%　2.14%　0.13%

標準差　　－4σ　　－3σ　　－2σ　　－1σ　　0　　＋1σ　　＋2σ　　＋3σ　　＋4σ

累積百分比　0.1%　　2.3%　　15.9%　50.0%　84.7%　97.7%　99.9%
（修勻）　　　　　　2%　　　16%　　50%　　84%　　98%

百分位數　　　　　1　5　10　20 30 40 50 60 70 80　90　95　99

典型標準分數　　　　　　　　　　Q　Md　Q

Z-分數　－4.0　　－3.0　　－2.0　　－1.0　　0　　＋1.0　　＋2.0　　＋3.0　　＋4.0

T-分數　　　　20　　　30　　　40　　　50　　　60　　　70　　　80

魏氏差數智商　　　55　　70　　　85　　100　　115　　130　　145

圖9-1　標準化測驗間相對位置關係

(二) 科技輔具（assistive technology）

　　廣義而言，以現代科技所發展的器具得以使人的生活或學習功能提升，均屬於科技輔具。科技輔具應用於身心障礙者常可替代個人有限的表現，是其在學習或生活上的重要工具。科技輔具可包括生活輔具、學習輔具、休閒輔具、行動輔具等，對特殊族群是很重要的工具。但因使用族群太少，導致成本過高，使用者負荷太重。為求成本及效益提升，當今在發展輔具時強調以「通用設計」（universal design）思考，意即設計出一般人士也可以用，也喜歡用的工具，藉以使成本降低，而且更可以降低使用者被標籤化的情形。

(三) 英文學習困難

　　國際化使得學習外語成為學生的重要任務，尤其英語是汲取許多先進知識的工具，因此英語能力不佳將影響學習發展。一般如全民英檢、TOEIC、各級學校入學考試測驗裡的英文科測驗等，均為英語學習成就水準的評估。作者研究阻礙學生英語學習的元素，這些元素為英文學

習之根本，在這些根本元素沒有問題之下反覆練習方能使成績躍進。如果沒有發現到其中關鍵問題元素，仍一昧地要求學生反覆練習英文，只會更增加學生的挫折。若能確切評估掌握學生的能力限制並予以調整，方能使學生在英文學習上有所增長。「英文學習困難評估量表」共評估五個向度含十二個分測驗，包括：(1)聽取英語：了解受測者在英語聽力相關元素的表現，包括聽寫字、聽寫句、及字素聽辨；(2)視取英文：了解受測者在英文閱讀相關元素能力的表現，包括字感、抄寫、找字母；(3)文句：了解受測者在英文字句認知相關元素能力的表現，包括詞性辨認、構詞、文法；(4)口誦：了解受測者在英語口語表達相關元素能力的表現，包括讀唸、記憶；(5)學習歷程：從受測歷程評估受測者在學習英文歷程的表現（陳麗如，2023b）。從這些角度評估，可以了解英文學習成果不佳是受限於其學習英文能力的限制，還是練習不足。

四 課程／活動設計

(一) 平衡單抉擇

如果已有明確的發展計畫，則可以對該領域進行更多的認識並規劃具體的學習進度，以便深入發展，如第七記中對某個有興趣領域的知識累積。然而許多學生未能在中學就有明確的目標，如果只期待有目標再行動，則很多人便無法起步。此時可先隨機選擇幾個暫時性的目標，開始思考與評估，覺得適合的繼續探索，覺得不適合的則淘汰之，不列為自己的發展目標。如此的歷程即在做職涯探索。

透視鏡

目標在哪裡

「如果你不知道要去哪裡，那麼現在你在哪裡一點都不重要。只要你一直走，總會走到什麼地方的。」（摘自《愛麗絲夢遊仙境》）

別慌，但不要停，你就是走在你的路上。

　　學生可先想三個曾經在腦海裡出現過的志願著手，如果完全沒有，也可以從父母等親人從事的工作、影劇裡的一個職業等思考。再以表9-1之平衡單探討分析。經過評分後予以刪除或保留，包括探討這個志願吸引的元素及不考慮的元素，願意去嘗試之處及害怕擔心之處等。而後予以計分或加權計分，然後做「要留或不留」的決定，以便發展探討的方向。

表9-1 以平衡單探索學習領域

1. 列出三項考慮選擇的專業領域或職業。
2. 列出會考量該領域／職業的元素，它吸引的元素或出現猶豫的元素。
3. 給每個選項之考量元素一個分數。
4. 若該考慮點較為關鍵性元素，則予以加權倍數計算。
5. 以總分決定留下哪個領域／職業繼續探索，也可以留下較低分的那個選項，此時表示仍有不捨元素得進一步確認；或者也可以全部不要考慮，另外再選出三個候選領域繼續分析。
6. 若已決定朝哪個領域去努力，則可以全力去準備。

考慮元素 加權 X 倍 分數 候選領域		分數 1-10	加權	分數 1-10	加權	分數 1-10	加權
1.							
2.							
3.							
4.							
5.							
6.							
總分							

評估結果我應選擇：＿＿＿＿＿　　我的想法：＿＿＿＿＿＿＿＿＿＿＿

#本工具最大功能為將潛意識或模糊的想法檯面化、客觀化。

(二) 短視與遠見

　　許多當下的努力是為未來有更好的發展狀態，如果把努力目標設定在短期，只看到眼前的狀態，則很容易疲累或失去方向，而覺得「太麻煩」等，更容易選擇當下的「快樂舒適」而停滯前進。職涯發展規劃的適當做法是由遠看近，也就是從所訂定長遠的目標來訂定現在到達目標之間的任務期程，如果目標的實踐時程較長或內涵較多元，則在中間建立階段性目標（見第二十三記）。如果不能如此，則很多時候會出現走錯了方向或達不到目標的情形。此處可以表9-2進行檢視，發現自己在行事上的特質，以及可能遇到的問題。

表9-2　短視與遠見

事件	短視	短視後果	遠見	遠見成效
學習	去讀就對了	□選錯領域／方向學習 □懷疑讀書目的 □為他人而讀	思考要鑽研的領域與方向再去學習	○胸有成竹地讀 ○甘之如飴 ○生活有目標
工作	要選擇就選一個	□走一步算一步 □委屈 □心不甘、情不願	經營事業	○與興趣、能力等結合 ○有活力 ○有生命價值
健康	年輕就是本錢	□享受當下 □身體影響 □體態不佳	保健	○平穩踏實 ○維持健康美麗 ○偶爾的享樂也不會有罪惡感
目標	想到哪做到哪	□凌亂 □常變 □與希望不一致	以目標引導計畫	○有結構 ○掌控在手中 ○階段性成就

第二十六記

先到職場探索再回校園的高中畢業生
—— 拒絕盲從

　　一位母親跟我說孩子學習很盲目，他也不是讀書的料，孩子表示國中畢業想先去外面工作一陣子。雖然看到孩子的無力，但她怕孩子學歷不足就出社會可能會吃虧，因而回答孩子：「不可以哦！現在教育政策規定至少要唸到十二年級。」

　　學歷的規劃在許多學生的生命歷程中太盲目，而不了解政策更是阻礙孩子發展的根源。

一　情境

　　小Z就讀高職一年級，在學習上總是被動、無奈，烘焙科是當年不願意選填的志願，在師長、父母的安排下未曾思考自己學習與生活的連結。看著大家正準備計畫未來的升學選擇，他卻了無興趣。小Z本來期待著國中畢業後不用再受到讀書的「荼毒」，計畫一畢業就出去車行當學徒，卻沒想到還得綁在這個讓人窒息的生活模式中。

二　對話

(一) 不了解政策的對話

　　▶ 小Z：「媽媽，我想休學，直接出去工作。」

　　▶ 小Z母：「十二年國民基本教育，你不能先出去工作。」

　　▶ 小Z：「我不是讀書的料，還得讀啊？」

(二) 以文化標準的對話

　　▶ 小Z：「我不是讀書的料，還得讀啊？」

▶ 小Z母：「現在國中畢業能做什麼事？你一出社會，就知道這個世界是現實的。」

▶ 小Z：「好吧！那我隨便選個學校讀。」

顯然，小Z又要盲目度過他人生最黃金的三年，甚至七年。

(三) 以學生為中心的對話

- 小Z：「媽媽，我不是讀書的料，我想要休學。」
- 小Z母：「好啊！先出去找個工作，等到你覺得自己需要充實再來思考升學的事。」

三 知識點

(一) 空檔年（gap year）

受到學歷至上的影響，東方人在學習上常常會急著一口氣完成學業。我們時常會聽到有人感慨著「出社會了才珍惜求學的時光」。不少人出了社會再回頭學習，會更知道想學什麼及如何學習，並且在學習上更有目標、更知道如何為自己而學。

空檔年一般是指學生在高中教育階段畢業後未直接進入高等教育，期間的空檔時期即空檔年，雖然一般為一年，但時間也可能是數月到幾年。可能是計畫性地或未預期地，前者例如先去工作、旅遊等，後者例如健康因素、一時難以選定進修領域、或要先處理某些事務等（Western Governor University, 2020）。安排空檔年是歐美青年常見的職涯規劃。臺灣目前因為高中非義務教育階段，若要安排在國中與高中間的銜接則也相當適合。

> **透視鏡**
>
> ## 十二年國民基本教育非義務教育
>
> 　　義務教育指政府有義務運用公共資源，保障適齡兒童接受的教育。目前義務教育受制於《強迫入學條例》，學生若應就學而未就學，則其監護人將負法律責任。臺灣義務教育為九年。十二年國民基本教育是以十二年的期程教導學生基本能力，非義務教育，不受制於《強迫入學條例》，是否要就讀高級中學則由個人自由決定。

(二)青年教育與就業儲蓄帳戶方案 —— 為青年儲蓄未來

　　為鼓勵高中職畢業生探索自我，確立人生方向，教育部推動「青年教育與就業儲蓄帳戶方案」提供高中職畢業生一個新的選擇，亦即畢業後先透過職場、學習及國際體驗，培養獨立思考的能力，經社會歷練更清楚未來方向與目標後，再決定繼續就學、就業或創業。

　　此方案自106年起推動，藉此提升高中職畢業生就業率、暢通技術人才回流就學管道、協助青年適才適性發展。方案透過「高級中等以下學校生涯輔導計畫」向下扎根，分為「青年就業領航計畫」搭配「青年儲蓄帳戶」，以及「青年體驗學習計畫」，協助青年職場、學習及國際體驗（行政院，2021）。

> **透視鏡**
>
> ## 學習之時間與場域
>
> 　　學習很自然，學校非必然。

(三) 轉銜

即「職涯轉銜」（career transition），是職涯發展上的重要階段。職涯發展中常經歷各種轉換，包括時間的轉換、角色的轉換、情境的轉換等，在轉換階段若沒有順利則會導致發展不順，形成發展停滯甚至於倒退。

由於特殊教育學生在轉銜階段經歷更大的挑戰，尤其是各教育階段間的轉換，因此《特殊教育法》特別規範需要以個別化轉銜計畫促進學生順利轉銜，為特殊教育學生IEP或ISP（見第十一記）中之最後一個部分。《特殊教育法施行細則》（2020）明訂個別化轉銜計畫內容包括升學輔導、生活輔導、就業輔導、心理輔導、福利服務及其他相關專業服務等項目。

除了特殊教育學生，《學生轉銜輔導及服務辦法》（2015）亦對高關懷學生訂定轉銜輔導及服務措施。其中「高關懷學生」指在校期間曾接受介入性輔導或處遇性輔導之學生，如遭遇家暴學生、懷孕少女，或吸毒、觸犯性侵害案件等曝險青少年學生。

四　課程 / 活動設計

(一) 為自己找理由

個人行事有自己的理由或動力，而不是一昧承接他人給予的指令，才會發自內心去規劃及實踐目標行程，不會為了師長、父母行事，而能堅持走在自己的職涯路上。對於每一件事、每一個選擇，若能適當覺察方能在自己的意識下進行理智的安排。自主學習仰賴自我覺察、自我管理予以提升，即學生做事時能覺察出其中的意義，將能更有目的且心甘情願地去行動，有助於行動成功的機會。覺察是改變的開始，此處帶領學生思考：

1. What：我在做什麼？如：我正在寫作業，好累。
2. Why：我為什麼要這麼做？如：等我學會了這些，專業能力便可提升，離自己的目標校系將更接近。

3. How & When：我這樣做對嗎？好嗎？如何做可以更好？如：我如果
　能在週日再做些習作，應該能更熟練三角函數的這些算式。

　　當學生自己做選擇時，師長應予以支持，如此學生的生命腳本（見
第二十記）才是由他自己建築的，其原則如下：

1. 尊重學生的行為起點與目標。
2. 協助分析與提供意見，但不予以否定或干涉決定。
3. 聆聽與理解其想法後，予以合理支持。
4. 協助學生適時調整與實踐個人的行動計畫。

(二) 職涯發展向度思考

　　不少學生可能學業成績不錯，有學術傾向，卻常因為沒有充分思考
個人的發展及探討高等教育各專業領域的內涵，未經充分探索就以「直
覺」選擇專業學習領域。因此對於選擇茫然的學生，首要之務是做職涯
探索。思考未來發展來規劃學涯是一個常見的做法。

　　可以從幾個對立的條件引導學生思考自己的特質，然後再分析其候
選領域的性質，評估了解自己選擇的適當性。例如可以圖9-2的幾個向
度去思考評估專業發展領域的考量因素，在每一個對立向度上找一個適
當的落點。其中必須同時評估個人的興趣及能力後，再決定評估的分數
點所在，包括：

1. 是偏向手作 ── 還是思考？是常常對事物充滿好奇，更願意去探索事
　件背後的原理論點，還是喜歡藉由文獻或既有知識去發現其中的脈絡
　以獲取解答，而不是直接去動手操作。學生學習若有以上特質，「思
　考」比重就加重；偏向手作的學生較傾向喜歡藉由操作過程，由經驗
　累積技能知識，因此其選擇便可考慮較應用性的科系領域、職校、或
　科技學院等。
2. 是偏向應用 ── 還是理論？如果是喜歡或擅長將知識累積後做統整探
　究，便是偏向理論，一般較學術性的大學校系招收理論學習傾向強的

學生。建議偏向理論的學生在高中時期，要修習加深加廣的課程。如果是偏向應用，則重點應著重在呈現實務經驗或成品。

3. 是偏向人文社會── 還是自然？是偏向數學、物理、化學等的自然學科課程，還是語文、歷史、地理等的人文學科課程？可以想想看，哪一類的科目成績較好，或自己更喜歡花時間在哪一個科目課程上學習。

4. 是偏向一般技術── 還是高科技？職業目標是需要更深入鑽研科學的技術領域嗎？如果是，則常會需要與自然科學的理論連結應用。還是覺得那不是自己的興趣所在或覺得能力不及的？那麼就適合偏向一般科技或技術。

5. 是偏向一般收入── 還是高收入？如果是期待未來有比一般人高許多的收入，則要有三種傾向：一類是稀有人才，常常也是高端科技人才；另一類是有高的創造能力或堅決的信念與行動；三是個人具有耐操、有毅力、有企圖心的特質與能力。很多學生可能傾向選擇高收入，則可趁此鼓勵學生多培養個人的專業。

6. 是偏向聚斂── 還是發散？如果喜歡從事藝術活動或欣賞美的事務，較不喜歡受侷限而自由的領域，或不期待有正確解答的學科領域，則偏向發散創作領域學科，如藝術、設計等。相反地，則偏向學科知識性強的課程事物，如自然科學、文史社會教育等。

　　除此之外，學生在進行探索時，也可以自己訂定二個對立的評估光譜，以增加探討思考向度。這個過程的主要功能，乃在協助學生更了解自己。

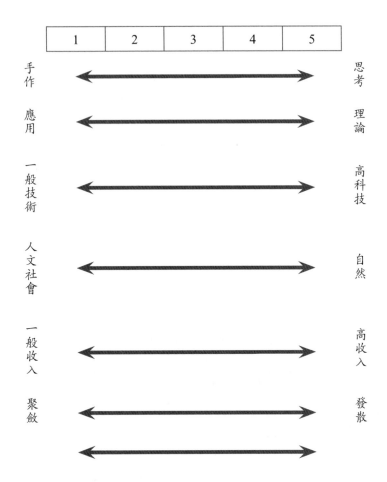

| 1 | 2 | 3 | 4 | 5 |

手作 ←————————————→ 思考

應用 ←————————————→ 理論

一般技術 ←————————————→ 高科技

人文社會 ←————————————→ 自然

一般收入 ←————————————→ 高收入

聚斂 ←————————————→ 發散

←————————————→

圖9-2 學習領域選擇思考向度

思考步驟：

1. 學生依性向在每一個對立向度上找一個適當的落點，其中必須同時評估興趣及能力後，再決定評估的分數落點所在。

2. 除了圖中所列的光譜元素外，可自行增加其他考量光譜元素。

3. 以各項落點整體思考或與他人討論這之中可考量發展的領域。

第二十七記

茫然的高中生
── 儲備就業力

那天我帶了一群施測員到一個學校去施測，我對那位有學習困難的學生說：「老師來幫你測驗，找出你的優弱勢，然後教你怎麼讀書，你若願意用這些策略，你以後功課會進步很多。」沒想到他直接回應我：「我不需要功課變好……」。

一　情境

就讀科技大學二年級的小甲在學習上顯現出散漫的態度，要他好好學習、寫作業、做測驗發展策略等，只要與課業有關的，他總是直接拒絕不願意嘗試。似乎又是位習得無助的學生。

二　對話

(一) 一起放棄的對話

▶ 林老師：「小甲，老師來幫你測驗，找出你的優弱勢，然後教你怎麼讀書，你若願意用這些策略，以後功課會進步很多。」

▶ 小甲：「我不需要功課變好。」

▶ 林老師：「好吧！那老師就把時間花在想用功的學生身上……」

似乎，林老師對於學生的任性感到無奈，也覺得自己省了一件事。

(二) 激發學習動力的對話

• 陳老師：「……，你若願意用這些策略，以後功課會進步很多。」

- 小甲：「我不需要功課變好……」
- 陳老師：「你若願意用這些策略，對你以後工作也會有幫助，你以後要工作嗎？」
- 小甲：「我不用找工作……」
- 陳老師心裡想，難道是位富二代？「你以後不用工作？」
- 小甲：「不是，我家裡開車廠，會直接在家裡工作。」
- 陳老師：「哦！要接爸爸的事業。那你以後若要跟客戶談訂單內容，結果字都寫錯，講過的事都弄錯，這樣會不會讓客戶不信任你，可能丟掉很多訂單？」

顯然小甲被這段話震懾住。

- 陳老師：「好的，那麼我們現在的活動目的在提升你的就業力。」

小甲在接下來的活動，專心得出乎意料之外。

　　許多功課不好的學生，在校園似乎就沒有「學習目標」，此時教師便應該引導學生將學習與未來做連結，否則學生必定會「虛度」校園學習。

透視鏡

我怕受寵富二代

　　我在輔導學生時很怕遇到受寵兒，也怕遇到富二代，尤其怕遇到受寵富二代。遇過幾位學生，甚至會將一週零用錢與特教老師的月薪相比。他們常常衣食無缺，不需要學習成就來改變自己的命運或提升個人的生活價值，父母的教養態度更助長了孩子任性的生活哲學。如果父母不共同進入輔導，我實在很難在其中使力。

三　知識點

(一)斜槓青年

　　斜槓青年源自於「slash」（斜線）一字的概念，《紐約時報》專欄作家Alboher的著作《多重職業》（*One Person, Multiple Careers*），以斜槓描述青年同時擁有多種職業與身分。

　　由於現在的年輕人在職場上競爭激烈薪資低而花費高，以至於常以兼職數個工作來增加收入提升生活品質。斜槓工作者更需要時間管理，篩選出哪些事情「只有自己才可以做到」，而哪些事情是可以為多數人替代完成。

(二)自卑與超越

　　阿德勒（Adler）是奧地利的精神病學家，與佛洛伊德（Freud）、榮格（Jung）（見第十六記）並稱心理學界三巨頭。Adler與Jung同為Freud弟子，兩人均因為不認同Freud過於強調性本能的論點而發展自己的輔導模式。Alder創造「個體心理學」（individual psychology），一生主張「心理學要為生活和生命服務」，對後續心理學發展具有重大意義〔彭菲菲（譯），2020〕。

　　個體心理學主張憤慨、悲傷或歉意等負向的心理，都是自卑的一種狀態。許多難以管教者、精神官能症患者、犯刑者、自殺者、酗酒者等行為問題的根源，可以從自卑與超越的論述予以分析〔彭菲菲（譯），2020〕。例如許多人會為了維持安全感，只願意待在熟悉的「舒適圈」（comfort zone），不願離開去嘗試新的挑戰而失去可能擁有的機會，以至於難以突破個人的潛能。自卑情結（inferiority complex）讓人們試圖改變個人的生存地位，不斷開拓生存條件，以至於個人得以更強大地趨向優越。可惜如同研究證實，多數人往往將真正需要解決的問題擱置一旁，避開導致失敗的因素，從其他非關鍵的小事中尋求暫時的優越感，因而限制自己的行動。如此逃避問題便容易沉淪，使個人的發展受限。相反地，若能利用自己的自卑情結，就會使個人不斷突破〔曹晚紅（譯），2020；劉麗（譯），2020〕。

　　每個人都會經歷一些自卑的情境，找到自卑的根源，正確認識並掌握生活條件，便得以實現從自卑到超越的驚人蛻變。本記小甲「我不需要功課變好……」正是他逃避面對自己弱勢自卑的一種表現，如果沒有面對，將阻礙超越自己狀態的機會。

(三) 職涯探索與規劃

　　美國職業輔導之父Parson（1909）以三步驟協助個人進行職業選擇：第一步為「知己」，了解自我，包括態度、能力、興趣、抱負和資源限制等；第二步為「知彼」，即獲得有關職業知識，了解外在世界的需求及趨勢等；第三步為整合自我與工作世界的訊息，以做出正確的結論（摘自吳芝儀，2005）。職涯探索的工作期望在掌握知己與知彼兩個向度的訊息後，計畫最佳的發展方向。前者可藉由性向測驗，或從中小學階段各個學科的成績評估了解；後者則需要藉由各種管道去認識外在環境訊息，如與親友談話、搜尋網路資料等。在進行職涯探索後，應該設定目標，以及進一步為未來重要時程與任務做規劃與實踐。其中所設定目標應該注意是否不切實際，或太遙遠不可及。如果太遙遠則可以分階段設定目標（見第二十三記），並在執行一段時間後檢視實踐情形。

四 課程／活動設計

(一) 工作社會技能養成

　　雖然專業能力很重要，但是很多時候個人就業的態度及工作社會技能更影響著他的就業力及就業適應，包括影響與主管、同事的關係、互動效益等，也常常影響個人工作績效，是當前強調「核心職能」（core function）之重要內涵。表9-3進行工作社會技能檢核後，可依以發展策略提升就業力。

表9-3 工作社會技能檢核與策略發展

我想要在職場上有好的表現嗎？□想　□不想

＊誠心地檢視以下表現，並努力調整。

	我待進步／曾經被批評之處	表現不好原因	改進方法
責任	□1.做太多（別人覺得煩） □2.做太少 □3.常做錯 □4.沒做好主管／同事交待的事 □5.沒做好自己負責的事	□不了解自己應做內容 □不清楚自己的職責所在 □不理解主管指令 □忘記主管／同事交待的事 □忘記自己應該做的事	○做筆記 ○設定更具體的工作任務 ○問清楚／確認工作內容 ○把工作內容分成數個具體小任務
	□6.有困難不會請求協助 □7.提問請教次數過多	□沒向別人詢問不清楚的地方 □內向 □太頻繁詢問別人	○請同事協助規範／討論工作 ○主動詢問 ○記錄同類問題，一次問好 ○自己先查資料或記錄，不確定再問
	□8.偷懶打混	□懶惰	○態度調整
行為	□1.常缺席 □2.常遲到 □3.常早退	□態度懶散 □時間管理不好 □生理因素 □不喜歡該工作	○時間管理 ○事先告知請假／遲到／早退 ○態度調整 ○另覓工作機會
	□4.多管閒事 □5.習慣探人隱私	□裝懂、裝會 □好奇無聊	○未經同意，不介入 ○不問與自己無關的事
	□6.聽別人講話就停止動作 □7.工作時跟別人過度聊天	□習慣 □協調不好 □動作慢 □專注力不佳	○說話節制 ○訓練邊講邊做的習慣

	☐8.做事動作慢 ☐9.做事效率低 ☐10.做事敷衍 ☐11.一直看手機		○速度訓練 ○誠心地請別人指導 ○將事務流程結構化 ○熟悉流程 ○責任訓練 ○自我指導策略訓練 ○改變習慣
互動態度	☐1.沒回應他人	☐覺得不屑 ☐高傲 ☐內向 ☐覺得被打擾	○積極回應他人 ○謙虛 ○如果太忙，告訴他 　人稍後回應或聆聽
	☐2.不耐煩於他人的批評與糾正	☐沒耐心 ☐沒面子	○態度調整
	☐3.表達不當（說太多／太少） ☐4.詞不達意	☐不會應對 ☐口語表達不佳	○對話能力訓練
	☐5.與雇主／同事人際互動不佳	☐人際互動技巧差	○人際互動技能訓練
	☐6.表情不友善 ☐7.不心甘情願 ☐8.常板著臉	☐疲倦	○適度休息
		☐習慣 ☐心煩／心情不好	○維持笑臉 ○常對人說：你好、 　謝謝、不好意思 ○不將私人情緒帶入 　工作
儀態	☐1.儀容不佳	☐裝扮不當	○儀容訓練
	☐2.衛生習慣不佳	☐清潔不當 ☐不常洗澡、洗頭	○衛生習慣調整
	☐3.環境衛生習慣不佳：○座位○背包○工作環境○公共空間○其他：	☐環境衛生習慣不佳	○定時清理 ○隨時丟棄垃圾

註：可從實習／工讀經驗評估，若無，則可自己想像評估自己的問題與現象。

(二) 職涯探索

　　接受相關的專業知能培育後，目的在進入職場過更長久的職涯。專業知能依賴其學術能力，而性向的探索有賴師長在學生還小時即培育孩子認知自己的職涯傾向。在選擇發展領域時常常會受到個人視野的限制，例如在教育世家成長，眼界就在教育界，看到親人、鄰居的職業，就只思考了該工作，因此會容易限縮選擇的視野。在成長階段可以從以下幾個方法進行較全面的職涯探索：

1. 測驗評估：例如(1)施測職涯興趣量表，了解個人的專業興趣性向；(2)大專校院就業職能平臺（University Career and Competency Assessment Network, UCAN），進行個人職能探討；(3)評估生活價值觀（見第十六記），考慮哪些工作可滿足自己的價值觀，包括工作性質、工作時間、工作報酬等。
2. 從行業標準分類之領域（表9-4），全面認識各職業發展領域。
3. 進入人力資源網站去了解各行業的工作屬性、事業前景等。例如1111人力銀行內「職務大辭典」裡有很好且清楚的指引，另外並有許多應試者的經驗分享，可以蒐集到很多訊息（1111人力銀行，2020）。
4. 隨機觀察行業，經過一個場所或看到影片內的情境，然後開始觀察裡面有哪些職業，例如運動中心一進去時有售票員、運動用品銷售員、清潔人員、救生員，而其中產品來自一般傳統工廠或者科技公司等。

表9-4 認識各行業領域

行業標準分類（大類）		中類	✓
A	農、林、漁、牧業	農、牧業；林業；漁業	
B	礦業及土石採取業	石油及天然氣礦業；砂、石採取及其他礦業	
C	製造業	食品及飼品製造業；飲料製造業；菸草製造業；紡織業；成衣及服飾品製造業；皮革、毛皮及其製品製造業；木竹製品製造業；紙漿、紙及紙製品製造業；印刷及資料儲存媒體複製業；石油及煤製品製造業；化學材料及肥料製	

行業標準分類（大類）		中類	✓
		造業；其他化學製品製造業；藥品及醫用化學製品製造業；橡膠製品製造業；塑膠製品製造業；非金屬礦物製品製造業；基本金屬製造業；金屬製品製造業；電子零組件製造業；電腦、電子產品及光學製品製造業；電力設備及配備製造業；機械設備製造業；汽車及其零件製造業；其他運輸工具及其零件製造業；家具製造業；其他製造業；產業用機械設備維修及安裝業	
D	電力及燃氣供應業	電力及燃氣供應業	
E	用水供應及汙染整治業	用水供應業；廢水及汙水處理業；廢棄物清除、處理及資源物回收處理業；汙染整治業	
F	營建工程業	建築工程業；土木工程業；專門營造業	
G	批發及零售業	批發業；零售業	
H	運輸及倉儲業	陸上運輸業；水上運輸業；航空運輸業；運輸輔助業；倉儲業；郵政及遞送服務業	
I	住宿及餐飲業	住宿；餐飲業	
J	出版影音及資通訊業	出版業；影片及電視節目業；聲音錄製及音樂發行業；廣播、電視節目編排及傳播業；電信業；電腦程式設計、諮詢及相關服務業；資訊服務業	
K	金融及保險業	金融服務業；保險業；證券期貨及金融輔助業	
L	不動產業	不動產開發業；不動產經營及相關服務業	
M	專業、科學及技術服務業	法律及會計服務業；企業總管理機構及管理顧問業；建築、工程服務及技術檢測、分析服務業；研究發展服務業；廣告業及市場研究業；專門設計業；獸醫業；其他專業、科學及技術服務業	
N	支援服務業	租賃業；人力仲介及供應業；旅行及其他相關服務業；保全及偵探業；建築物及綠化服務業；行政支援服務業	

行業標準分類（大類）		中類	✓
O	公共行政及國防；強制性社會安全	公共行政及國防；強制性社會安全；國際組織及外國機構	
P	教育業	教育業	
Q	醫療保健及社會工作服務業	醫療保健業；居住型照顧服務業；其他社會工作服務業	
R	藝術、娛樂及休閒服務業	創作及藝術表演業；圖書館、檔案保存、博物館及類似機構；博弈業；運動、娛樂及休閒服務業	
S	其他服務業	宗教、職業及類似組織；個人及家庭用品維修業；未分類其他服務業	

註：勾選你是否想了解該行業領域：很想的打✓並圈出中類行業，不想的打╳，保留／不確定的打△。

摘自行政院主計總處（2021）：行業標準分類，共分19大類，下再分中類及小類。

透視鏡

後　記

課綱元素
—— 職涯發展規劃

一　職涯發展規劃對話檢視

針對本課各記案例中之對話，檢視負向元素及正向元素。

表9-5　職涯發展規劃對話檢視

負向元素		正向元素	
□25.忽視弱勢的存在與影響	□25.不知從何著手就算了	○25.善用科技提升效益	○25.先行動再調整
□26.以直覺行動	□26.盲目跟從選擇	○26.依需求學習	○26.思考「學以致用」的條件
□27.放任任性	□27.聚焦專業課程學習	○27.連結未來的學習	○27.探索而後選擇

*檢視勾選與學生互動對話的元素。
*□為以具有負向的訊息進行溝通，○為能適當運用正向訊息進行溝通。
*各項之數字為在各記案例中的對話，讀者可對照案例情境以掌握其意義。

二　職涯發展規劃課綱元素

(一) 108課綱實踐的難題

108課綱為臺灣教育史上最大的教育改革，升學方式、考題方向劇烈翻轉，企圖帶給學生自發、互動、共好的學習態度與技能，試圖去除填鴨式教育模式，其目標在使學子最終得以適性揚才，培養以個人為本的「終身學習者」。

　　然而由於其教學以多元形式進行，教學與學習變得複雜，導致不少反對聲浪（劉秀敏，2022）。如果老師的教法沒有跟著調整，將影響改革成效。根據教育部委託臺灣大學社會系2020年的調查報告（林曉雲，2020），在新課綱推行第二年仍有近半數老師自評教法「沒有改變」或「改變不多」。有四成高中老師認為「不了解108課綱理念」，是無法調整教法的主因。約三成老師認為只有少部分老師改變教學方式，其中方式無法改變的原因是「年紀大了等退休」、「喪失教學熱情和改變動力」（游昊耘，2021）。

(二) 議題教育

　　國教課綱設計「議題教育」之課程（表9-6），引導學生除了學習既有領域課程外，更藉由議題教育引導學生面對當代各項重要課題，成為健全個人、良好國民與世界公民，善度個體與群體生活，進而裨益和諧社會與人類福祉。師長應時時與學生討論、交換意見、爭辯思考，使學生增廣視野，而不只關注學科領域。議題為具討論性的主題，在對問題尋求答案的同時，期望探討各種可能的替代答案（多元觀點），並分析各種答案背後的觀點（價值立場），進而澄清價值，選擇方案和做決定，甚至產生行動。《議題融入說明手冊》中列出三種正式課程形式，即：議題融入正式課程、議題主題式課程，以及議題特色課程（詳見陳麗如，2021）。

表9-6　十九項議題教育

1.	2.	3.	4.	5.	6.	7.	8.	9.	10.	11.	12.	13.	14.	15.	16.	17.	18.	19.
性別平等	人權	環境	海洋	科技	能源	家庭	原住民族	品德	生命	法治	資訊	安全	防災	生涯規劃	多元文化	閱讀素養	戶外	國際

第十課

親職成長

　　父母親在孩子的教養上影響相當大，包括教養態度、孩子的學習方向引導、教養策略等。然而一直以來，家長做最多的就是經濟支持與生活照顧，例如送去補習教育，在教養子女學習上似乎沒有發揮更多功能。108課綱已將家長納入共同教育者，期望藉由更多的生活事件引導學生多元學習。在國教課程中教師面對的是一個學習的團體，若家長能積極關注子女的學習，將更能掌握學生個別化的學習需求，孩子的學習效益方能最大化。

　　本課描述家長的教養態度是否阻礙了孩子在108課綱課程中的學習，以及父母在教養知能上是否有再做修正之空間。

透視鏡

三群過勞族 → 翻轉 → 三群勝利組

疲憊的父母、崩潰的老師、被壓榨的孩子
→翻轉→
欣賞孩子的父母、歡喜教育的老師、經營學習的孩子

第二十八記

父母干擾自主學習的小學生
—— 教育合夥

那位母親相當疼愛孩子，但她的反應一再地強調孩子的發展不能違背她的計畫，母親的一言一行深怕孩子有一絲絲地「走歪」，無法回頭。

一　情境

小乙為小學2年級學生，父母均為律師，小乙機靈活潑，成績頂尖，父母覺得小乙將來成就一定在自己之上。一日學校老師出了一個作業——「我長大後要從事的工作」，安親班林老師協助小乙做作業，看到小乙表示以後要做黑手，於是引導他去查「黑手」是什麼。回到家裡母親看到作業後極為生氣，即刻打電話向安親班主任反應。母親表示：「林老師要小乙未來當黑手！實在太瞧不起小乙的能力，且如此灌輸孩子觀念非常可惡，那是一個低賤的工作！」

二　對話

(一) 壓制性對話

▶ 母親：「以後要當黑手？！不可以，重新寫一個。」

▶ 小乙：「那我以後要做什麼？」

▶ 母親：「當然是當律師或醫師啊！」

這樣的對話讓孩子容易養成在父母的框架下發展，也容易養成「唯一」的學習態度，尋求「標準答案」的學習法則。母親的限制更會導致小乙的思考受限，凡事只會因應母親的期待去學習，容易失去自我的想

法。這些都會深深影響學生自主學習的能量，以及對素養考題的應變能力。若不幸地小乙在未來沒有進入法律系、醫學系就讀，則可能產生「我是失敗者」的自我評價。

並且，行業本來就無對錯、高低，都是正當地對社會貢獻。母親這樣對行業別的態度，未來也將影響小乙去評斷職業的貴賤，容易對人出現鄙視態度。

(二) 正向支持對話

- 母親：「哇！你以後想當黑手？那是什麼？」
- 小乙：「是修理機械的工人。」
- 母親：「哦！那為什麼叫黑手？」
- 小乙：「我也不知道耶！」
- 母親：「那你查一下，告訴媽咪好嗎？媽咪好想知道，但媽咪正在忙著幫小乙做好吃的晚餐！」母親這是高招，抓緊小乙在興頭上，讓他再去查資料。
- 小乙：「好哇，你等等！」「因為他做完工作時手常常會黑黑的，所以叫黑手！」
- 母親：「這樣啊！媽媽長知識了，謝謝小乙！」

這個過程，就在訓練學生思考及搜查資料的能力與習慣，而且是一個增加自信的學習歷程。

三　知識點

(一) 擴散性思考（divergent thinking）與聚斂性思考（convergent thinking）

擴散性思考指個人在解決問題時，同時會想到數個可能解決的方法，而不囿於單一答案。回答者只要存在「說得通」的理由，均為可被接受的答案。當然，這「說得通」是要融會既有的知識及經驗，並不等於「硬拗」。創造力是一種具有想像力的活動，能產生既有創意又有價

值的結果，為擴散性思考能力的發揮（張清濱，2020）。

　　聚斂性思考又稱為封閉性思考，個人利用已有的知識以尋求問題的正確答案，其思考過程依賴推理性、邏輯性的能力表現。由問題所引起的有方向、有範圍的思考，可由已知或傳統方法獲得結果，是一種封閉性的思考過程。

　　在國教課綱中，這二者能力的培養同時列為學生的學習目標。聚斂性思考常常在學知識理論時特別需要，而擴散性思考是種延展的作業，非固定答案，是在創作作品時需要的能力。面對素養課題時，需要在面對多種情境條件時，以知識為底去彈性、理性、有邏輯地分析條件，合理找出各種問題的解決策略，則需要兼具聚斂性思考及擴散性思考的能力。

(二) 父母教養

　　天下父母心，我們相信父母多是愛孩子的，只是常常用錯了方法，或過於溺愛或過於專制。父母應檢視自己親職角色成長的元素。若母親將所有的關心都放在孩子身上，為孩子做得好好的，將孩子帶入舒適圈，會因此使他無法自理或者過度依賴他人，期待一切都由母親處理，逃避學習的時機。父母親隨時就位的行為，會加劇孩子伴隨而來的行為機械化，而且因為孩子少有機會練習克服遇到的困難，所以會對未來生活欠缺處理的能力〔彭菲菲（譯），2020〕。《富比世》雜誌網站專欄作家Caprino點出了一般父母在教養上的錯誤行為（吳凱琳編譯，2019）：

1. 不願讓孩子冒險：「安全第一」使父母盡可能地保護子女，但也因此剝奪孩子冒險的學習機會。
2. 太早伸出援手：孩子在任務中或遇到困難時，父母如果太早介入、伸出援手，孩子便無法學習如何歷經困難，也難養成發展解決問題的方案。久而久之，孩子遇到困難便等著父母幫忙解決。
3. 太容易給予讚賞：如果太容易給予稱讚，同時漠視孩子的不當行為，孩子面對無把握或擔心的事，就會出現欺騙或其他不當行為。

4. 因罪惡感而過度寵溺：如果父母因罪惡感而過度寵溺，與孩子之間的關係是建立在物質獎勵之上，孩子就會難以培養內在動機或是無條件的愛。

5. 未分享過去的錯誤：父母的分享，例如分享當年自己在相同年紀時曾犯下的錯誤，或是面對類似難題時自己的想法與感受，協助孩子做出較好的決定。

6. 誤以為智商、天賦和影響力就代表成熟：成熟必須是能適當負起責任，具有生活功能，這與智商、天賦或影響力無關。

7. 只有言教、沒有身教：父母做不到卻要孩子去做，將無法得到孩子的心服口服。例如叫孩子不要玩手機，趕快寫功課，父母卻總是手機不離手。

(三) Erikson社會心理發展理論（psychosocial development）

　　各個年齡階段存在不同的生活重心面對不同的生活條件，以至於在各生命階段有不同的任務。如果能在各成長階段順利達成主要發展的任務，有助於個人未來各年齡階段的發展。反之，如果該年齡階段的發展任務沒有順利達成，則會出現發展危機，便可能導致後續發展上的問題。例如被忽略的嬰兒容易出現不安全感，未來成長後將容易對人不信任。社會心理發展理論依照人生的發展任務與危機，把人的一生劃分為八個階段，各個階段若能順利度過「發展危機」，將有助於人格發展（表10-1）。

表10-1　Erikson社會心理發展任務

發展階段	年齡	發展任務或危機	重要任務	發展順利的心理特徵
嬰兒期	0-1歲	信任vs.不信任	滿足餵食需求	對人信任，有安全感
幼兒期	2-3歲	自主vs.羞怯懷疑	訓練如廁	能依社會期待，作出有意義的行為
學前期	4-5歲	自發vs.內疚	主動探索的行為	主動好奇，活動有方向，具有責任感

發展階段	年齡	發展任務或危機	重要任務	發展順利的心理特徵
少年期	6-12歲	勤奮vs.自卑	受教育	學習與發展社會互動的基本能力
青年期	13-18歲	自我認定vs.角色混淆	培養社會關係	有明確的自我觀念，追尋自我方向
成年期	19-40歲	友愛親密vs.孤僻疏遠	發展親密關係	能與人建立親密的關係
中年期	41-65歲	精力充沛vs.頹廢遲滯	教養子女並且事業穩定	熱愛家庭、關懷社會，有責任感
老年期	65歲以上	完美無缺vs.悲觀絕望	回顧過去且釋懷	隨心所欲，安享餘年

四 課程／活動設計

(一) 父母對108課綱態度檢視

　　建議父母能了解108課綱的正向精神，提供子女充分的支持，鼓勵子女在這個制度中享受學習、自主學習，否則存在的抱怨等負向態度將使孩子猶豫前進，影響學習效益（表10-2）。

表10-2　父母在新課綱教導的態度準備

行為	同意*	你會如何做%
1.對於課綱課程不信任		
2.認為只有聯考是最公平的教育制度		
3.不想去了解課綱的精神		
4.反對批評課綱政策		
5.不知已有數十個國家推動核心素養教育多年		
6.不信任孩子的決定		
7.孩子一定要讀大學		

行為	同意*	你會如何做%
8.孩子除了讀書，其他的都不需涉獵太多		
9.讓孩子依我的規劃前進		
10. 忽略陪著孩子去探索		

*父母針對態度項目填入分數（1-5分），1代表很不同意該敘述，5代表很同意
該敘述或有明顯的該行為（5分）。
%請規劃對該行為將如何因應。

透視鏡

你就是白老鼠！

　　父母、師長常常喜歡對著孩子說，或者在孩子面前與他人談論孩子就是白老鼠，加上媒體常常報導這個制度亂七八糟，這個世代孩子就是白老鼠。

　　這是一個不恰當的氛圍，因為孩子會不斷地被洗腦，自認為在當下教育改革下將被犧牲。試想，如此孩子怎麼可能會在這個制度下心甘情願好好地去學習呢？此即自我應驗預言效應（見第二記），孩子最終真的就是白老鼠了……

　　故，應該改為以正向的態度面對孩子的學習，如適時地評斷著：「寶貝好幸運，可以有更多元的學習、早早探索發展自己喜歡的領域，不像我們那個年代只能一直讀，每位學生的腦長成鴨腦。」

(二) 風景區景點告示討論

　　到風景區時總是有景點介紹的告示，可以與孩子討論告示的內容。如果是地理介紹，則可以對照著地理進行地形與地圖的對照。如果是其中的某些名詞較特別，也可以一起進行網路的查證與討論。例如假日出遊至宜蘭礁溪林美石磐步道，見到景點介紹楓香，則可以與孩子討論說明看板上的意義及辨認其中解說和圖片的對應訊息（圖10-1）。

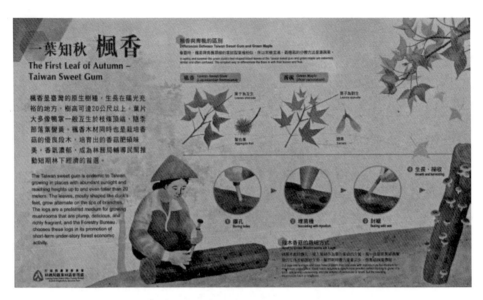

圖10-1 與孩子討論宜蘭景點上的說明看板

第二十九記

偏心教養的媽媽
—— 調整期待

父母在教養子女過程中常常不自覺地出現偏心的情形，這將潛在地影響著孩子的心理與發展，可能會出現手足良性或惡性競爭，或者也可能其中一方放棄努力，出現自暴自棄的情形。

一 情境

大家都看得出來丙媽媽談起小丙就心花怒放，而大丙總是讓媽媽搖頭。但媽媽總說她最公平了，兩個人的補習費一樣，兩個小孩吃的點心、零食一樣，只是兩個孩子表現差太多，實在忍不住就偏向小丙。媽媽不斷地對別人說自己為何有不同的教養態度，期待別人肯定她這樣做是合理、自然的。

二 對話

(一) 錯誤增強

▶ 丙媽媽帶著忿怒又沮喪的語氣：「老大就是懶散，很不肯動腦，問他要做什麼，總是回答都可以，一點想法都沒有。」「現在108課綱要自主學習，我看他慘了！」

▶ 丙媽媽接著講起小兒子，既興奮又得意：「小的就乖得很，功課好，貼心又懂事，不用叫就把功課做完，把自己的事務整理得乾乾淨淨的……」

林老師知道丙媽媽實在偏心，但也不予評論，就順著丙媽媽之意對談。如此已增強了丙媽媽偏心的教養態度。

(二)引導覺察的對話

- 丙媽媽接著講起小兒子，既興奮又得意：「小的就乖得很，功課好，貼心又懂事，不用叫就把功課做完，把自己的事務整理得乾乾淨淨的……」
- 陳老師：「哇！你真的很以小兒子得意耶！大的真讓你傷腦筋！」陳老師同理丙媽媽的想法，主要在引導她覺察自己對兩個孩子的不一樣情緒。
- 丙媽媽：「對啊！奇怪，怎麼兩個差那麼多？！」
- 陳老師：「那你有沒有覺得老大表現越來越差，而小兒子表現越來越好，越惹你愛？！」
- 丙媽媽：「對啊！所以老二讓我更愛，而老大讓我更傷腦筋。」

陳老師告訴丙媽媽比馬龍效應（Pygmalion Effect）的理論，丙媽媽突然很沉重，似乎覺察到自己的不當態度。

三　知識點

(一)比馬龍效應

1968年心理學家Rosenthal與Jacobson進行研究，他們對一群6至12歲的兒童做智力測驗，將兒童分成程度相當的實驗組和對照組二組。實驗組教師被告知他們班的兒童智商高，結果發現實驗組的老師因此設計較為艱難的課程給該群宣稱智商比較高的學童，花比較多的時間回答他們的問題，並且對他們更為認真地教學互動，以至於之後實驗組的學生最後學業成績明顯地比對照組學生好。

> **透視鏡**
>
> ### 比馬龍效應
>
> 比之為龍則為龍，比之為馬則為馬。
>
> 說你行，你就行，不行也行；說你不行，你就不行，行也不行。
>
> 心中怎麼想、怎麼相信，就會讓對方朝向被認定的那個結果邁進。

比馬龍效應 vs. 自我應驗預言

透視鏡

　　自我應驗預言是第二記中提及的現象，是自己對自己的預言影響了自己的行動，而應驗了自己的預期。

　　比馬龍效應是對他人的想法影響了與他的互動教導等，而使對方的表現結果應驗了自己的預期。

(二) 親職教育（parents education）

　　親職教育是《家庭教育法施行細則》（2020）中家庭教育的第一項重要內容，也是108課綱的重要議題教育內涵，是指增進父母或監護人了解應盡職責，與教養子女或被監護人知能之教育活動及服務（家庭教育法施行細則，2020）。是對父母或家長實施的教育，透過加強或改變家長的教育觀念，使其在撫養、教育子女的知識和技能得以提升。主要包括：(1)建立父母正確的觀念，包括對學校教育的期待以及對子女的學習期望等；(2)提升撫養和教育子女的知識與技能；(3)建立良好的親子關係、更新對子女的教育方法，以及教育理念等。

　　親職教育是社會、文化與意識型態的產物。1970年代開始強調親職教育中的共同親職（co-parenting）概念，其中有兩個重要的角色，一為父職（father role），一為母職（mother role），主張父親應該與母親共同教養子女（李淑娟，2013）。

教育合夥人

透視鏡

　　家長在新課綱占有重要的角色，包括對學生學習態度的影響，對學生自主學習等課程的討論或指導，可以說是孩子教育的合夥人。

　　「教育合夥人」的角色任務在於提供孩子支持、諮詢、指導，以及協助孩子發展更寬廣視野。

(三) 108課綱父母教養

在108課綱的課程模式中，父母是重要的教育人員，如果父母本身放棄教育孩子的機會，那麼父母也不應去責怪老師沒好好地教導自己的孩子。因此隨時發現教育時機再適時適當予以教育，為學生素養學習的重要過程。

1. 在日常生活中透過機會教育培養孩子核心素養能力的學習策略，例如看到事件時，引導孩子去思考、說、分享、批判，並與他交流想法。由於父母的生活經驗比孩子多許多，其分享對子女就是最好的擴散性思考刺激（參考表8-3）。
2. 陪著孩子一起吸取知識：陪著孩子看具知識性的議題，成為生活中的日常，例如看電視節目「Discovery」、「文茜的世界周報」等，既可當休閒也可以成為習慣，對擴增孩子的視野非常有幫助。
3. 鼓勵孩子做記錄、整理資料，當他做好之後請他分享，並予以鼓勵。父母若有自己的事業或家務要忙，不一定全程在旁邊陪著孩子去做資料的整理。在他分享作業成品時，給他方法、或可以加入更多元素做建議等。
4. 教師是108課綱課程實施的關鍵人物。但老師們著實相當忙錄，要提升學生的知識，又要引導學生做個別化的發展探索及多元學習，難免老師未能非常仔細地為每一位孩子指導他的個別化需求與表現。建議家長從小鼓勵、培育孩子多元學習的自主學習態度，養成習慣後，長期以來將會有很不錯的態度以及好的成績。

四 課程／活動設計

(一) 檢視教養態度與對話

父母教養子女是一個漫長的過程，有時會因為自己的事業、家務等可能忽略教養的機會。表10-3引導父母檢視在教養子女時，可能出現的不當態度、影響元素及這些狀態後面的因素。

表10-3 父母教養態度檢視

不當教養態度	適切行為的影響元素	因素
□批判／不支持孩子的表現	□有偏心教養的現象	只關注／花心力在某一孩子表現
□以長者身分教訓孩子	□對孩子不耐煩	未從心底願意教孩子
□提供機會給孩子學習	□不信任孩子有學習能力	低估孩子的能力，不耐煩對孩子教導
□在校園外不進行教育	□知識留給老師教	認為教育是老師的工作

(二) 核心素養對話

「語言」常常會附帶情緒後成為背後真正的意義，它因此帶給對談者不同的感受。以下對話型態可以訓練學生高層次的思考，培育子女具有觀察的習慣，以提升子女核心素養（見表10-4）。

表10-4 父母培育子女核心素養之對話

對話	技巧／角色	目的	情境
1.你覺得這個……是什麼意思	引導思考	訓練思辨能力	經歷一個情境後，或看了一個事件後，與孩子交換從中看到的訊息。
2.寶貝，這個字怎麼唸，你有學過嗎？	裝笨	識字；相似字比較	事先查看孩子正在學的生字，找一篇有該字的文章或標題，或該字的相似字做比較。
3.寶貝，你今天問了誰什麼好問題嗎？	培養特質	訓練思考問題	回到家的問候語，取代：你今天考幾分啊。
4.承上，那你明天想個好問題問老師或同學，然後回來告訴媽咪？	引導思考	培養思考問題的自主學習習慣	承上，若孩子說沒有問題。
5.你來當老師，出個考題給我……	學生	訓練從出題中找重點	共同看一段文章、社會新聞影片等，請孩子出問題。

對話	技巧／角色	目的	情境
6.我真搞不懂，這到底怎麼了？你知道嗎？小天才。	裝笨	訓練分析能力	看一段文章、科學影片等，引導孩子去分析情境。
7.好亂哦！我實在搞不清楚他們之間到底有什麼關聯，你比較聰明，教教媽咪。	邀請話語	訓練表達能力	共同看一段文章、科學影片等，引導孩子去連結幾件事之間的關聯。也可以心智圖的技巧，請孩子繪出關係圖。
8.承上，什麼跟什麼啊？我還是不懂，你畫個關係圖告訴媽咪好嗎？	請求解答	訓練整合能力	
9.你看，這隻螞蟻怎麼特別大！	驚奇[a]	訓練觀察力	在公園遊玩，找現象討論、引發其好奇心。
10.如果是你，你會怎麼做？	邀請話語	訓練創造能力、同理心	看一段文章、情境影片等之後引導孩子思考。
11.如果是我，我也會很害怕，但是天網恢恢。寶貝你呢？	引導思考	同理心培養、思考「躲藏及面對」	看一段逃避責任的事件，如「警察肇事逃逸」，討論肇事者當下及之後被發現的想法。
12.你現在開始讀書，媽咪來測一下你專注力可以維持多久。你開始分心時告訴我。	書僮	訓練自我覺察能力	在孩子要讀書或做作業時，陪孩子努力，增進讀書的專注力覺察，進而提升讀書效益。
13.寶貝，這段文章太長了，媽咪不懂這段話的意思，你解釋給媽咪聽。	請求支援	訓練長篇文章閱讀習慣	看到較長的文章，跟孩子說自己忙或看不懂意思。
14.聽說A家電信有很優惠的方案，寶貝可否幫媽咪分析是否真的比媽咪正在使用的這一家便宜嗎？讓媽咪省點錢。	請求分析	訓練比較分析能力	手機續約到期，嘗試換電信公司，與孩子一起討論分析比較各家優惠。

[a]：誇張的表現可以讓孩子印象深刻。

註：如果是學生訓練自己，可以每次看一段文章、科學影片等，之後以此表內的問題形式做自我對話。

第三十記

說謊成性的高中生
—— 找出根本問題

　　那天一位高中的輔導老師和我聊了學生的問題，他說學生在課業表現不好就算了，最大的問題是不斷地說謊，而說謊的技術又不好，所以很快地被爸爸識破，就是一陣的狠打，孩子常常被打得鼻青臉腫，有一次還打到骨折，至今學習與行為出現更大的問題。學校邀請我與同學及家長進行座談。

　　我在督導個案中與老師或家長們檢討所用策略的效果時，常常聽到「效果不好耶！」當我再確認執行的歷程與狀況時，一下子就發現問題所在：沒去探討執行不利的因素及沒有澈底遵循既定的規則。

一　情境

　　小丁正處於青春期，有著強烈的交友需求，但人際關係很差，所以總是一個人。下課後他不願意直接回家，常常流連在校園及附近的商店看著同學聊天。因為之前有建議父母協助小丁做生活筆記訓練（見第十八記），將生活事件做筆記。但丁爸檢查生活筆記多是沒有作業、沒有考試。所以回家總是看到小丁很散漫地沒事做，卻在一段時間後才發現原來是小丁都沒寫在筆記中。

二　對話

(一) 偏離重點的對話

▶ 丁父：「我有照老師教的，帶他寫生活筆記，但是他很多都沒寫到，根本沒用。」

▶ 林老師：「你都沒記啊？」

▶ 小丁點頭。

▶ 林老師：「小丁以後要做好記錄，不然沒做到老師交代的作業，老師和爸爸都會生氣。」

▶ 小丁點頭。

這樣的對話並沒有找出問題所在，是沒意義的。

(二) 找到問題重點的對話

- 丁父：「我有照老師教的，帶他寫生活筆記，但是他很多都沒寫到，根本沒用。」
- 陳老師：「小丁，你都沒記啊？」
- 小丁點頭。
- 陳老師：「是忘了？還是不寫？」
- 小丁：「不寫。」
- 陳老師：「是怕被爸爸處罰？還是懶得寫？」
- 小丁：「怕被爸爸處罰」。原來，小丁覺得自己不會寫作業，怕做了記錄沒完成作業會被爸爸打，於是乾脆不在生活筆記中寫明。

這時候看到丁父的眼神，感受到丁父終於知道問題在哪裡。很多時候父母會用自己覺得有效的方法來教養孩子，衝突時即使出現表面上的勝負，可是長期下來，或等孩子更大時，往往衝突不會解決，而且可能出現更大的問題。

三　知識點

(一) 兒童受虐通報

依據《兒童及少年福利與權益保障法》（2021），醫事人員、社會工作人員、教育人員、保育人員、教保服務人員、警察、司法人員、移民業務人員、戶政人員、村（里）幹事及其他執行兒童及少年福利

業務人員，於執行業務時若知悉兒童及少年具有身心受虐、遭遺棄等情形，應立即向直轄市、縣（市）主管機關通報，至遲不得超過24小時。其中兒童指未滿12歲之人；所稱少年指12歲以上未滿18歲之人。

以衛生福利部社會及家庭署（2022）公布的統計資料，2019年通報之兒童受虐有11,113案件，其中男童受虐案有4,832件、女童受虐案有6,281件，包括遺棄28件、身體虐待744件、精神虐待275件、性虐待3,141件、疏忽1,003件、不當管教3,033件、目睹家暴118件、兒少物質濫用215件，以及其他2,556件。

(二) 正向行為支持（positive behavior support）

「不」說多了，學生就沒有行動或溝通意圖。正向行為支持主張在互動過程中以正向的溝通模式進行，在過程中當學生有正向表現時給予立即增強，以促使輔導或教導對象具有正向行為表現。

美國在1997年《身心障礙者教育法案》（Individuals with Disabilities Education Act, IDEA）裡即明文規定，教師在設計行為介入方案時，應評估如何運用正向策略來替代負向的處理模式。正向行為支持是一種行為問題調整的方法，企圖透過了解行為問題發生的原因，根據個案所處的生態環境，提出適合個案需求的因應策略以減少或解決行為問題（林惠芬，2008）。正向行為支持模式結合了行為支持計畫（behavior support plan, BSP）與功能性評量，是應用行為分析的運用（見第十四記）。這樣的支持模式具有教育性、正向性，以及尊重性的要素，其步驟如：

1. 界定要處理的行為問題：描述越具體越好。例如界定「攻擊行為」是否包括語言攻擊？「專注力不足表現」是指「恍神」或「沒做任何事」？
2. 進行功能性評量：找出問題發生的原因，以便發展因應的介入策略。
3. 發展行為功能的假設：特定的情境與行為問題關聯如何？從中可歸納出哪些行為類型？
4. 分析驗證前項假設成立與否，即在確認促發行為問題的因素。

5. 發展行為支持計畫：在掌握促發學生的行為問題因素後，發展引導學生表現適應的行為策略。

6. 評估、執行修正和追蹤調整計畫。

> **透視鏡**
>
> ## 正向支持 —— 造就天才愛迪生的關鍵態度
>
> 　　愛迪生小時候，有一天放學回家，把一封信箋交給他母親說：「媽媽，我的老師說只有妳能看這封信。老師他說什麼呢？」
>
> 　　愛迪生母親邊看邊流淚，大聲地讀著：「你的孩子是個天才，這個學校沒有適當的老師可以訓練他，請你自己教導他。」
>
> 　　在母親過世多年之後，有一天，愛迪生看到當年的那封信箋。信上寫著：「你的孩子有智能上的缺陷，我們必須將他退學。」
>
> 　　愛迪生讀完時非常激動。然後，他在日記上寫道：「湯瑪士·愛迪生是一位有智能缺陷的小孩，但他的母親把他教育成為世紀的天才。」
>
> 　　一句正面鼓勵的話，能夠改變一個人的命運！

(三) 人本主義（humanism）與以個人為中心治療（person-centered therapy）

　　人本主義心理學興起於1950年代，由Maslow創立，以Rogers、Maslow等人為領袖人物，為精神分析理論派和行為學派以外，心理學上的「第三勢力」。人本主義主張以學生為中心，教師扮演啟發者進行教導。

　　在治療上，Rogers發展以個人為中心治療的模式，以「非指導性諮商」（non-directive counseling）強調輔導員運用積極傾聽，以自由與不具指導色彩的治療氣氛，自然地促使個案朝正向成長發展。治療師

必須要有三個技巧：

1. **真誠一致**（congruence）：治療師對案主及其所處的情境，是真誠且自然的，非假裝關注案主的問題，案主得以在無戒心及信任的環境下治療。
2. **無條件積極關懷**（unconditional positive regard）：對案主的陳述及面臨的情境不反對或贊成，不予以批判，而是接納和關懷。治療師在諮商過程中，使案主感受安全輕鬆，有歸屬感。
3. **同理心**（見第十四記）：治療師傾聽案主自述後，站在案主的角度，設身處地體會案主的狀態與認知其所面臨的困難。

　　輔導者或教導者除了個人的專業知識，若能持有人本主義的這幾個輔導應對技巧則能取得學生的信任，與學生的溝通互動將能更有效無礙，得以展現師長的專業素養。

透視鏡

輔導技巧：點頭

　　與人互動時以點頭、嗯、及適當的眼神接觸，會產生相當的力量，這意味著你了解他、正積極接納著他的處境，它正在傳遞著真誠、無條件積極關懷，以及同理心的人本主義訊息，你甚至不用說太多話，都可能使對方產生一定的正向心理與情緒。

四　課程／活動設計

(一) 衝突後的溫暖

　　常常孩子的作為讓父母太失望，與自己的期待差太遠，有時候難免產生衝突，而在衝突當下可能口出惡言，恨不得從來沒生下這個孩子。

雖然這中間雙方都有調整的空間，但在孩子還小時，往往處於弱勢的一方，無力反抗，也不知道如何適當溝通，於是會出現不少的負向心理發展，例如負向的「生命腳本」（見第二十記）、「受霸凌的忿恨」等。父母應該在與孩子衝突後抱抱孩子，讓孩子理解並相信父母是愛他的，父母也應該試著認錯，例如「爸爸昨天太失控」等，與孩子溝通未來如何因應彼此的高張情緒，討論如何彼此提醒與幫忙對方放軟姿態。

　　父母，衝突後的溫暖是很重要的，否則當孩子更大時，親子之間的嫌隙不可能讓父母有抱他／她的機會了。

(二) 教養禁忌

　　父母有時候會自行發展一些教養的方法，卻可能使孩子往不佳的模式發展，而應驗了幫孩子寫生命腳本（見第二十記）。表10-5提出幾個例子協助父母省思自己雖然立意良善、很愛孩子，但可能正主導著孩子走向不佳的人格與生涯發展。

表10-5　父母教養的技巧檢視

負向技巧	示例／例句	副作用／命運	正向技巧	作用
□激將法	有膽就繼續玩啊	擺爛	○觀察可介入的機會	對症下藥
□處罰	體罰／責備	懷恨	○表達自己的困擾／失意	孩子體會原來爸媽比我更辛苦
□反諷	沒救了！就是魯蛇！	自我應驗預言	○找機會引發動機	孩子給自己機會努力
□禁止	不可以踢足球，會受傷	待在舒適圈	○鼓勵嘗試、提醒注意安全	願意嘗試、探究
□聽我的	孩子有耳無嘴	無思考、依賴	○鼓勵孩子說出想法	提升分析能力
□唯我獨尊	聽我的！不然就遭殃	長大與你PK	○溝通	心甘情願去改變

後　記

課綱元素
── 親職成長

一　親職成長對話檢視

針對本課各記案例中之對話，檢視負向元素及正向元素。

表10-6　親職成長對話檢視

負向元素		正向元素	
□28.對抗制度	□28.負向影響孩子態度	○28.看到制度正向訊息	○28.尋找支持點
□29.偏心教養	□29.否定孩子	○29.自我檢視教養態度	○29.接納孩子的狀態
□30.威脅語氣	□30.引起憤恨或不甘的情緒	○30.關懷情緒	○30.促發學習動機

＊檢視勾選與學生互動對話的元素。
＊□為以具有負向的訊息進行溝通，○為能適當運用正向訊息進行溝通。
＊各項之數字為在各記案例中的對話，讀者可對照案例情境以掌握其意義。

二　親師成長課綱元素

(一) 教育改革

　　一般教育改革政策企圖改變的因素包括二個面向：一個是與當代趨勢相較落伍了，不符合國際潮流；另一個是不能滿足多數學生的需求。

　　我們相信教育改革是為了新世代中更多學生擁有更好的學習狀態與成果，為了學生將來在社會及在國際上具有競爭力，學生是否能在其中成為被預期的那一批「適任學習者」？學生的態度及能力培育是重要的

元素，學生個人及父母、師長為造就其中的關鍵人物。

(二) 家庭教育

108課綱中把「家庭教育」列為十九項議題教育之一。《家庭教育法》（2019）第2條指出，家庭教育係指具有增進家人關係與家庭功能之各種教育活動。家庭是每個人出生、成長、茁壯、老年安適的生活場所，家庭教育帶領學生學習主動分享與關心家庭成員、提升與家人的互動關係、創造家人共好的生活環境。學校家庭教育的內涵與目標，呼應了十二年國民基本教育課程所指出的「啟發生命潛能」、「陶養生活知能」、「促進生涯發展」、「涵育公民責任」的總體課程目標。《家庭教育法施行細則》（2020）則指出，家庭教育之範圍包括十個領域：親職教育、子職教育、性別教育、婚姻教育、失親教育、倫理教育、資源管理教育、多元文化教育、情緒教育，以及人口教育。

透視鏡

第N課

素養教導綜整

　　此處將本書各記之知識點與活動綜合呈現於表N-1，方便師長運用各個策略。

表N-1　本書提及知識及活動總表

記次	各記主題	知識點			活動	
第一課　學習力提升						
一	沒有讀書策略的國中生	□訊息處理論	□學習策略	□學習風格	○學習風格檢核與策略發展	○問題引導學習
二	專注力不足的國中生	□後設認知	□自我應驗預言	□策略教導	○專注力檢核與策略發展	○專注力提醒訓練
三	總是考不出實力的國中生	□多元評量	□沉思型與衝動型	□錯誤類型分析	○數學錯誤類型分析	○視知覺訓練
後記	學習力提升	□學習策略教導	□正向支持			
第二課　自主學習						
四	沒有學習動機的小學生	□學習動機	□近側發展區	□動態評量	○我的用功檢視	○學習動機策略發展

記次	各記主題	知識點			活動	
五	自主學習當機的高中生	□自主學習能力的內涵	□形成性評量與總結性評量	□自我指導策略	○自主學習條件檢視	○規劃高中自主學習目標
六	具學習行為問題的過動兒童	□注意力缺陷過動症	□專注力缺陷	□感覺統合訓練	○行為改變技術與增強策略	○尋找改變的動機
後記	自主學習	□自主學習	□彈性學習時間			
第三課　閱讀素養						
七	被名詞卡住閱讀的小學生	□認知學習層次	□Piaget認知發展論	□社會學習理論	○生活知識累積	○滾雪球式累積知識
八	不喜歡讀知識的小學生	□閱讀困難與學習障礙	□心智圖	□月暈效應	○長文閱讀訓練	○關鍵字訓練
九	智力限制學習的小學生	□智能障礙學生	□智力與智力測驗	□工作分析	○部件分析	○鏡像字調整
後記	閱讀素養	□素養考題	□身心障礙特殊需求課程			
第四課　溝通互動						
十	簡答應對的國中生	□自然情境語言教學法	□選擇性緘默症	□繪本	○輪流代言——合作學習	○你在剝奪學生的學習嗎？
十一	口述凌亂的國小生	□語言障礙學生	□特殊教育	□個別化計畫	○口語表達訓練	○口語文法訓練

記次	各記主題	知識點			活動	
十二	書寫限制的高中生	□腦側化	□建構主義理論	□學習歷程自述書寫	○書寫狀態檢視	○作文能力訓練
後記	溝通與表達訓練	□表達能力	□跨域學習與合作學習			
第五課　社會參與						
十三	思覺失調症的高中生	□情緒行爲障礙學生	□PAC人格結構理論	□融合教育	○意識化訓練	○溝通檢視
十四	暴跳如雷的幼兒園小女生	□精神分析理論	□應用行爲分析與功能性評量	□同理心	○小大人	○情緒檢核與策略發展
十五	屢遭霸凌的小學生	□歧視與霸凌	□性別平等教育	□心理防衛機轉	○訪問評估自己的限制	○提醒卡
後記	社會參與	□情緒與人際	□性別平等教育			
第六課　生活素養深化						
十六	懷疑人生的高中學生	□價值觀與生活價值觀	□需求理論	□集體潛意識	○生活價值觀與實踐	○三十件重要事
十七	網路成癮的國中生	□網路成癮	□習得無助	□三級預防	○網路成癮傾向評估	○借別人來教孩子
十八	處事雜亂的國中學生	□時間管理	□記憶與遺忘	□自我認定	○時間管理	○生活筆記訓練
後記	生活素養深化	□資訊與媒體	□善用工具			

記次	各記主題	知識點			活動	
第七課　適性揚才						
十九	拒絕面對問題的視覺障礙國中生	□視覺障礙學生	□定向行動訓練	□功能性視覺	○功能性視覺評估	○聽覺與視覺輔助學習
二十	不敢追逐夢想的聽覺障礙男孩	□聽覺障礙學生	□純音聽力檢查	□生命腳本	○提升溝通效益	○自我構音調整
二十一	一班兩制的特教評量難題	□零拒絕	□特殊教育學生評量	□特殊教育學生權益維護	○接受自己的限制	○多感官學習與放聲思考
後記	適性揚才	□適性揚才	□生命教育			
第八課　學習生涯定向						
二十二	找不到學習方向的資優生	□資賦優異學生與過度激動特質	□課程諮詢	□大學專業學習領域	○為什麼大蒐集	○擴散性思考訓練
二十三	不會做讀書計畫的國中生	□大專院校多元升學管道	□多元學習內容	□Thorndike的學習定律	○階段性目標	○線上讀書會
二十四	要不要攻學習歷程檔案的高一生	□高中與大專之連結	□申請入學學習歷程檔案	□學習歷程檔案內涵	○學習歷程檔案的升取向	○學習歷程檔案的建制
後記	學習生涯定向	□學習歷程檔案	□資賦優異之特殊需求課程			

記次	各記主題	知識點			活動	
第九課　職涯發展規劃						
二十五	專長發展卡關的高中生	□常模與百分等級	□科技輔具	□英文學習困難	○平衡單抉擇	○短視與遠見
二十六	先到職場探索再回校園的高中畢業生	□空檔年	□青年教育與就業儲蓄帳戶方案	□轉銜	○爲自己找理由	○職涯發展向度思考
二十七	茫然的高中生	□斜槓青年	□自卑與超越	□職涯探索與規劃	○工作社會技能養成	○職涯探索
後記	職涯發展規劃	□108課綱實踐的難題	□議題教育			
第十課　親職成長						
二十八	父母干擾自主學習的小學生	□擴散性思考與聚斂性思考	□父母教養	□Erikson社會心理發展理論	○父母對108課綱態度檢視	○風景區景點告示討論
二十九	偏心教養的媽媽	□比馬龍效應	□親職教育	□108課綱父母教養	○檢視教養態度與對話	○核心素養對話
三十	說謊成性的高中生	□兒童受虐通報	□正向行爲支持	□人本主義與以個人爲中心治療	○衝突後的溫暖	○教養禁忌
後記	親職成長	□教育改革	□家庭教育			

註：用得上或用過的予以註記。

參考書目

大學法施行細則（2020）。中華民國一百零九年七月十四日教育部臺教高（五）字第1090095846B號令增訂發布。

中國行為科學社（2022）。**測驗工具介紹**。臺北：中國行為科學社。

王一芝（2019）。「台灣大學生就像一群死木頭」108課綱能拯救「無動力世代」嗎？**天下雜誌**，685期，2019年11月15日。

王勝忠（2019）。108 課綱施行後教師公開授課的新取向。**臺灣教育評論月刊，8**（11），178-183。

王麗斐（2020）。**國民中學學校輔導工作參考手冊**（第二版）。臺北：教育部。

行政院（2021.5.5）。**青年教育與就業儲蓄帳戶方案——為青年儲蓄未來**。2022年2月1日。摘自青年教育與就業儲蓄帳戶方案——為青年儲蓄未來（行政院全球資訊網—重要政策）（ey.gov.tw）

行政院主計總處（2021）。**行業標準分類**。2022年4月24日。摘自標準行業類別（stat.gov.tw）

吳佩芳、田凱倩、阮震亞、張家瑞、鄭竹秀（譯）（2019）。**應用行為分析在家庭、學校與遊戲中的運用：協助自閉症光譜障礙或其他障礙類別兒童**。譯自D. Leach: *Bringing ABA to home, school, and play for young children with autism spectrum disorders and other disabilities*。新北：心理。

吳芝儀（2005）。生涯發展教育在中小學課程中的定位與省思。**教師之友，46**（2），2-8。

吳凱琳編譯（2019.6.14）。**7 大錯誤教養行為　傷害了小孩的未來**。2022年2月3日。摘自7大錯誤教養行為　傷害了小孩的未來｜天下雜誌（cw.com.tw）

李淑娟（2013）。父職與母職之差異研究。2013年**全方位成功國際學術研討會論文集**，369-388。

杜玉卿、張浩峰、蔡宜延、林育慈、陳怡安、葉明珍和柯雅妍（2015）。**生涯規劃**。臺中：華格那。

身心障礙及資賦優異學生鑑定辦法（2013）。中華民國一百零二年九月二日教育部

臺教學（四）字第1020125519B號令修正公布。

身心障礙者權利公約施行法（2014）。中華民國一百零三年八月二十日總統華總一義字第10300123071號令制定公布。

身心障礙者權益保障法（2021）。中華民國一百十年一月二十日總統華總一義字第11000004211號令修正公布。

身心障礙學生考試服務辦法（2012）。中華民國一百零一年七月二十四日教育部臺參字第1010133145C號令訂定發布。

兒童及少年福利與權益保障法（2021）。中華民國一百十年一月二十日總統華總一義字第11000003501號令修正公布。

兒童福利聯盟（2019）。2019年兒童福祉調查報告。2022年1月20日。摘自https://www.children.org.tw/research/detail/67/1642

周台傑和蔡宗玫（1997）。國小數學學習障礙學生應用問題解題之研究。特殊教育學報，12，233-292。

周慧儀（2017）。廣泛閱讀，從兒童繪本閱讀談起。灼見名家，2022年3月2日。摘自廣泛閱讀，從兒童繪本閱讀談起|周慧儀（master-insight.com）

性別平等教育法（2022）。中華民國一百十一年一月十九日總統華總一義字第11100003411號令修正公布。

林妏蓁（2012）。資優生同理心、過度激動特質與同儕關係之研究。臺灣師範大學特殊教育學系未出版之頭士論文。

林惠芬（2008）。如何執行正向行為支持。特教園丁，24（1），42-47。

林紫（2020）。面具下的哪個我更受歡迎。臺北：任性。

林萬億、黃韻如、胡中宜、蘇寶蕙、張祉翎、李孟儒、黃靖婷、蘇迎臨、鄭紓彤、蔡舒涵、盧筱芸和林佳怡（2018）。學生輔導與學校社會工作。臺北：五南。

林曉雲（2020）。學習歷程檔案該廢？台大調查：超過6成高中生贊成學習歷程檔案。2020年11月12日摘自學習歷程檔案該廢？台大調查：超過6成高中生贊成學習歷程檔案，生活版，自由時報電子報（ltn.com.tw）

胡永崇、黃秋霞、吳兆惠、胡斯淳和顏玉華（譯）（2006）。學習障礙（原作者：Bender, W. N.: *Learning Disabilities*. 臺北：心理。

家庭教育法（2019）。中華民國一百零八年五月八日總統華總一義字第10800045121號令修正公布。

家庭教育法施行細則（2020）。中華民國一百零九年六月二十三日教育部臺教社
　　（二）字第1090086236B號令修正發布。

校園霸凌防制準則（2020）。中華民國一百零九年七月二十一日教育部臺教學
　　（五）字第 1090097594B號令修正發布。

特殊教育法（2019）。中華民國一百零八年四月二十四日總統華總一義字第
　　10800039361號令修正公布。

特殊教育法施行細則（2020）。中華民國一百零九年七月十七日教育部臺教學
　　（四）字第1090096143B號令。

特殊教育學生申訴服務辦法（2019）。中華民國一百零七年八月二十四日教育部臺
　　教學（四）字第1070124638B號令修正發布。

高立學（2000）。人生價值觀和觀賞運動價值。**99年度大專體育學術專刊**，411-
　　417。

高級中等以下學校及專科學校五年制前三年體育實施辦法（2018）。中華民國一百零
　　七年五月二十二日教育部臺教授體部字第 1070017127B號令修正發布。

高級中等學校課程規劃及實施要點（2018）。中華民國107年2月21日臺教授國部字
　　第1060148749B號令。

國民小學及國民中學學生成績評量準則（2019）。中華民國一百零八年六月二十八
　　日教育部臺教授國部字第 1080065377B號令修正發布。

張千惠（2004）。功能性視覺能力評估與觀察之研究。**特殊教育研究學刊**，**27**，
　　113-135。

張旭凱（2022）。**認識選擇性緘默症**。2022年4月3日摘自認識選擇性緘默症—張
　　旭鎧。兒童職能治療師（akai.org.tw）

張佳雯（譯）（2016）。**拒絕被支配的勇氣：獲得自由，重寫生命腳本的心理學**。鈴
　　木敏昭原著：獲得自由，重寫生命腳本的心理學。臺北：時報。

張春興（2000）。**教育心理學：三化取向的理論與實踐**。臺北：東華。

張春興（2007）。**張氏心理學辭典**。臺北：東華。

張清濱（2020）。**教學原理與實務**。臺北：五南。

教育部（2014）。**十二年國民基本教育課程綱要總綱**。臺北：教育部。

教育部（2019）。**十二年國民基本教育身心障礙相關之特殊需求領域課程綱要**。臺
　　北：教育部。

教育部（2020）。**師資職前教育階段暨師資職前教育課程基準**。中華民國一百零九

年七月一日臺教師（二）字第1090077856B號令。

教育部特殊教育學生鑑定及就學輔導會組織及運作辦法（2012）。中華民國一百零一年五月三十一日教育部臺參字第1010094493C號令修正公布。

教育部國民及學前教育署（2022）。**小論文寫作比賽及閱讀心得寫作比賽**。中學生網站（shs.edu.tw）https://drive.google.com/file/d/17YhFemAxGBqFe2fEAFsp8j-BhN3yzM8l/view

曹純瓊（2001）。自閉症兒童的語言教學發展。**特殊教育季刊，79**，11-19。

曹晚紅（譯）（2020）。**自卑與超越：生命對你意味著什麼**，Alfred Adler原著。新北：遠足文化。

許明木、莊素貞、鄭靜瑩、陳賢堂、王俊諺、吳承臻、林則豪、許淑貞、連政炘、葉志偉、詹益智、蔡龍輝和謝錫寶（2017）。**低視力學**。臺北：五南。

郭文芳（2022）。運用心智圖自主學習提升國小六年級學生寫作能力之行動研究。國立臺北教育大學教育學系教育創新與評鑑碩士在職專班未出版之碩士論文。

郭靜姿（2003）。**談資優生的情意特質與輔導**。臺灣師範大學資賦優異教育中心工作執行成果報告書。

郭靜姿、許靜如、劉貞宜、張馨仁和范成芳（2001）。數學學習障礙之鑑定工具發展與應用研究。**特殊教育研究學刊，21**，135-163。

陳永進和魯雲林（2019）。**學校心理學**。臺北：崧燁文化。

陳皎眉（2010）。**心理學**。臺北：雙葉。

陳龍安（2006）。**創造思考教學的理論與實際**。臺北：心理。

陳麗如（2004）。**特殊教育論題與趨勢**。臺北：心理。

陳麗如（2006）。**特殊學生鑑定與評量（二版）**。臺北：心理。

陳麗如（2008）。**身心障礙學生教材教法**。臺北：心理。

陳麗如（2016）。**知我歷史，劃我未來**。臺北：華騰。

陳麗如（2018）。**生活價值觀量表**。臺北：中國行為科學社。

陳麗如（2021）。**十二年國民基本教育教材教法——108課綱素養教導**。臺北：五南。

陳麗如（2023a）。**論文寫作的十道功夫**。臺北：五南，出版中。

陳麗如（2023b）。**英文學習困難評估量表**。臺北：中國行為科學社，出版中。

陳麗如、孟瑛如和連心瑜（2019）。個別化每位學生的學習策略——運用「青

年聽讀寫學習優勢發展量表」分析學習特質及發展學習策略。**清華大學特教論壇**，**27**，1-16。

陳麗如和孟瑛如（2019）。**青年聽讀寫學習優勢發展量表**。臺北：中國行為科學社。

媒體素養教育資源網（2022）。**資訊與媒體素養相關說明**。2022年4月9日摘自資訊與媒體素養相關說明｜媒體素養教育資源網（moe.gov.tw）

彭菲菲（譯）（2020）。**個體心理學講座：阿德勒談校園裡的問題兒童**。譯自Alfred Adler（2020）。*Individual psychologie in der Schule: Vorlesungen für Lehrer und Erzieher*。臺北：商周。

游昊耘（2021）。新課綱1年半老師教法沒變？2021年3月8日聯合報文教新訊家長相談室。

黃儒傑（2020）。素養導向教科書的編製與轉化。**臺灣教育評論月刊**，**9**（3），15-21。

鄒小麗、範雪貞和王林發（2018）。**繪本教學策略的探索與實踐**。中國重慶：西南師範大學。

臺灣PISA國家研究中心（2020）。PISA計畫概述。2020年11月8日摘自http://pisa. nutn.edu.tw/pisa_tw.htm

劉秀敏（2022）。**師生家長焦慮　官員感覺良好　四方皆敗的108課綱**。2022-04-07聯合報高中師投書。

劉唯玉（2000）。教學原理課程實施檔案評量之行動研究。**花蓮師院學報**，**10**，47-64。

劉麗（譯）（2020）。**阿德勒的自卑與超越**，Alfred Adler原著：*What life should mean to you.* 新北：創智文化。

衛生福利部社會及家庭署（2022）。**兒童少年保護——受虐或問題類型統計**。2022年5月3日摘自兒少統計專區｜CRC聯合國兒童權利公約資訊網（sfaa.gov.tw）

學生轉銜輔導及服務辦法（2015）。中華民國一百零四年十二月八日教育部臺教學（三）字第 1040160280A號令訂定發布。

鍾靜和陸昱任（2014）。以形成性評量為主體的課室評量新趨勢。**教師天地**，**189**，3-12。

羅素貞、張麗麗、陸怡琮、邱珍琬、陳庸、陳品華和葉俊廷（譯）（2020）。**教育心理學**。譯自Anita Woolfolk (2019): *Educational Psychology.* 臺北：華騰。

Allyson, L. (2013). *The 7 minute solution: Time strategies to prioritize, organize & simplify your life at work & at home*. NY: Atria.

American Psychiatric Association [APA] (2013). *Diagnostic and statistical manual of mental disorder* (5th ed.). Washington, DC: Author.

Bryant, D. P., Bryant, B. R., & Hammill, D. D. (2000). Characteristic behaviors of students with LD who have teacher-identified math weaknesses. *Journal of Learning Disabilities, 33*(2), 168-177.

Carlstrom, A. H. (2011). Living the good work life: Implications of general values for work values. *NACADA, 31*(2), 33-43.

Chen, L. J. (2015). Effect of acceptance expectation on the employment development of individuals with disabilities: The self-fulfilling prophecy applied. *Journal of Employment Counseling, 52*(3), 98-109.

Chuang, T. Y., Yeh, M. K. C., & Lin, Y. L. (2021). The impact of game playing on students' reasoning ability, varying according to their cognitive style. *Educational Technology & Society, 24*(3), 29-43.

Clarà, M. (2017). How instruction influences conceptual development: Vygotsky's theory revisited. *Educational Psychologist, 52*(1), 50-62.

Cleeremans, A. (2014). Connecting conscious and unconscious processing. *Cognitive Science, 38*(6), 1286-1315.

Cooper, P. A. (1993). Paradigm shifts in designed instruction: From behaviorism to cognitivism to constructivism. *Educational Technology, 33*(5), 12-19.

Costas, E. F. (1996). The left-handed: "Their sinister" history. ERIC No. ED399519.

Dubin, A. H., Lieberman-Betz, R. G., Ayres, K. M., & Zawoyski, A. (2020). The effects of prelinguistic milieu teaching implemented in classrooms for preschoolers with or at risk for Autism Spectrum Disorder. *Focus on Autism and Other Developmental Disabilities, 35*(2), 79-89.

Kamal, I., Karim, M. K. A., Awang Kechik, M. M., Ni, X., & Razak, H. R. A. (2021). Evaluation of healthcare science student learning styles based VARK analysis technique. *International Journal of Evaluation and Research in Education, 10*(1), 255-261.

Lew, T. F., Pashler, H. E., & Vul, E. (2016). Fragile associations coexist with robust memories for precise details in long-term memory. *Journal of Experimental Psychology: Learning, Memory, and Cognition, 42*(3), 379-393.

MBA智庫百科（2017）。**建構主義學習理論**。Dec. 2, 2017。取自http://wiki. mbalib.com/zh-tw/%E5%BB%BA%E6%9E%84%E4%B8%BB%E4%B9%89% E5%AD%A6%E4%B9%A0%E7%90%86%E8%AE%BA

McDaniel, K. (2021). The silent response: Selective mutism. *BU Journal of Graduate Studies in Education, 13*(3), 45-49.

Merton, R. K. (1948). The self-fulfilling prophecy. *Antioch Review, 8*, 193-210.

Netrawati, F., Yusuf, S., & Rusmana, N. (2016). Solving adolescent verbal aggressions through Transactional Analysis counseling approach. *Journal of Education and Practice, 7*(18), 169-177.

Pressley, M., & Woloshyn, V. (1995). *Cognitive strategy instruction that really improves children's academic performance.* Cambridge, MA: Brookline Books.

Radvansky, G. A., Gibson, B. S., & McNerney, M. W. (2011). Synesthesia and memory: Color congruency, von Restorff, and false memory effects. *Journal of Experimental Psychology: Learning, Memory, and Cognition, 37*(1), *219-229.*

Riccomini, P. J. (2005). Identification and remediation of systematic error patterns in subtraction. *Learning Disability Quarterly, 28*, 233-243.

Riessman, F. (1976). Students' learning styles: How to determine, strengthen, and capitalize on them. *Today's Education, 65*(3), 94-98.

Seels, B. (1989). The instructional design movement in educational technology. *Educational Technology, 29*(5), 11-15.

Somma, M., & Marini, Z. (2020). A bully and a victim: The bullying experiences of youth with emotional and behavioural disorders. *Exceptionality Education International, 30*(1), 25-41.

Sutton, L. R., Hughes, T. L., Huang, A., Lehman, C., Paserba, D., Talkington, V., Taormina, R., Walters, J. B., Fenclau, E., & Marshall, S. (2012). Identifying individuals with autism in a state facility for adolescents adjudicated as sexual offenders: A pilot study. *Focus on Autism & Other Developmental Disabilities, 28*(3), 175-183.

Tangen, J. L., & Borders, L. D. (2017). Applying information processing theory to supervision: An initial exploration. *Counselor Education and Supervision*, *56*(2), 98-111.

Thomas, W. I. (1928). *The child in America: Behavior problems and programs*. New York: Alfred A. Knopf. p. 572.

Vygotsky, L. S. (1978). *Mind in society: The development of higher psychological processes*. Cambridge, MA: Harvard University Press.

Wagoner, B. (2017). *The constructive mind*. Cambridge, England: Cambridge University Press.

Western Governor University (2020, May, 21). *What is a gap year. Everything you need to know*. 2022 Feb 1 retrieve from What Is A Gap Year? Everything You Need To Know (wgu.edu)

索 引

國家圖書館出版品預行編目資料

學習情境對話三十記：108課綱素養之策略教
導／陳麗如著. －－初版.－－臺北市：五
南圖書出版股份有限公司, 2022.12
　　面；　公分
　ISBN 978-626-343-498-1 (平裝)

1.CST: 國民教育　2.CST: 教學策略
3.CST: 課程綱要

526.8　　　　　　　　　　111017452

1I5Y

學習情境對話三十記
108課綱素養之策略教導

作　　者 ― 陳麗如

發 行 人 ― 楊榮川

總 經 理 ― 楊士清

總 編 輯 ― 楊秀麗

副總編輯 ― 黃文瓊

責任編輯 ― 陳俐君、李敏華

封面設計 ― 王麗娟

出 版 者 ― 五南圖書出版股份有限公司

地　　址：106臺北市大安區和平東路二段339號4樓

電　　話：(02)2705-5066　　傳　　真：(02)2706-6100

網　　址：https://www.wunan.com.tw

電子郵件：wunan@wunan.com.tw

劃撥帳號：01068953

戶　　名：五南圖書出版股份有限公司

法律顧問　林勝安律師事務所　林勝安律師

出版日期　2022年12月初版一刷

定　　價　新臺幣390元

經典永恆・名著常在

五十週年的獻禮——經典名著文庫

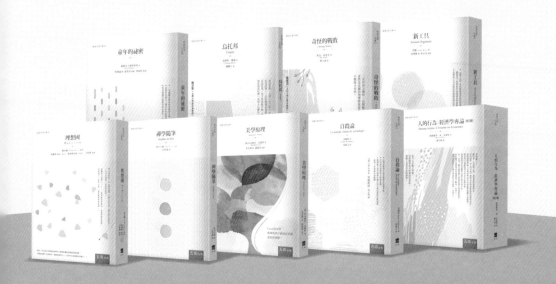

五南，五十年了，半個世紀，人生旅程的一大半，走過來了。

思索著，邁向百年的未來歷程，能為知識界、文化學術界作些什麼？

在速食文化的生態下，有什麼值得讓人雋永品味的？

歷代經典・當今名著，經過時間的洗禮，千錘百鍊，流傳至今，光芒耀人；

不僅使我們能領悟前人的智慧，同時也增深加廣我們思考的深度與視野。

我們決心投入巨資，有計畫的系統梳選，成立「經典名著文庫」，

希望收入古今中外思想性的、充滿睿智與獨見的經典、名著。

這是一項理想性的、永續性的巨大出版工程。

不在意讀者的眾寡，只考慮它的學術價值，力求完整展現先哲思想的軌跡；

為知識界開啟一片智慧之窗，營造一座百花綻放的世界文明公園，

任君遨遊、取菁吸蜜、嘉惠學子！